세븐파워교육

POWER

'살아남기'의 생존형 인재가 아닌
'뛰어넘기'의 돌파형 파워 인재를 기르는

세븐파워교육

최하진 지음

나무&가지

높은 학업 수준과
남다른 내면의 파워!

Charlie Brainer
(미국 테일러대학교 교수, 스펜서센터 국제협력이사, 국제협력처장)

몇 년 전 제가 아시아를 여행할 때, 한 동료로부터 만방국제학교를 소개받았습니다. 학교를 방문해보라는 동료의 제안을 받아들이긴 했지만 사실 큰 기대는 하지 않았습니다. 그러나 만방국제학교를 방문한 순간 그건 저의 큰 오산이었음을 알게 되었습니다.

만방국제학교의 교장 선생님으로부터 학교의 역사와 비전에 대해 소개받은 후, 저는 처음 느껴보는 경험을 했습니다. 만방국제학교는 시험 중심의 교육 소비자들에게 그 필요를 채워주는 데 집중하는 단순한 학교가 아니었습니다. 만방국제학교는 학생들의 발전을 위한 포괄적인 접근 방식으로 교육하고 있었습니다.

여러분도 만방국제학교를 방문하신다면 단번에 '이 학교는 뭔가 특별하다'라고 깨닫게 될 것입니다. 그것은 복도나 교실에서 보이는 학생들과 교수진들의 친절함과 존경심 때문만은 아닙니다.

학생들은 다른 학생들을 돌보며 서로 경쟁하지 않습니다. 만방국제학교는 교육의 성취와 기준이 높지만, 그 내면은 다른 수많은 교육 상황에서 전형적으로 나타나는 사리사욕이나 자기 자랑의 모습과는 크게 다릅니다. 학생들의 성취는 다른 사람들과 사회를 위해 영향력을 미치는 법을 배우는 최종 목표에 집중되어 있습니다.

첫 방문 이후, 저는 여러 번 다시 만방국제학교를 방문했습니다. 어떻게 보면 일부러 중국을 방문하는 스케줄을 잡아서 만방국제학교에 들르려고 했던 것 같습니다. 현재 세계 대부분의 교육산업을 반영하는 소비자들의 트렌드와는 반대의 길을 걷고 있는 만방국제학교의 교육 방법에 매료되었기 때문일 겁니다.

이 책의 저자, 최하진 박사님은 '파워나지움'이라는 개념을 발전시킨 강력한 비전을 가진 교육가입니다. '파워나지움'이란 교육의 변형 모델로서 학생들의 사회적, 인지적, 영적 파워를 키우는 데 목표를 두고 배우고 섬기는 공동체를 만들어 높은 학업 수준과 강력한 도전적 가치를 함께 이뤄내고 있습니다.

교육에 관한 이론서들은 많이 있습니다. 하지만 확실히 검증된 것은 많지 않습니다. 저는 이론과 검증이 모두 이루어진 교육의 모델이 바로 만방국제학교라고 생각합니다.

깨우치고 만들고 변화시키는 교육

John Liang
(미국 바이올라대학교 교수)

저는 미국 대학의 교수로서 활동하며 매년 여름에는 중국의 베이징을 비롯하여 유명 대학들의 교수 및 중고등학교 교사들을 위한 교수법을 가르쳐왔습니다. 그리고 10여 년 전, 만방국제학교 설립 초기부터 교사들을 교수법 분야에서 도왔습니다. 만방국제학교를 한마디로 회고한다면, 교사들의 헌신이 이루어 낸 성공적인 교육이라고 할 수 있습니다.

지난 몇 년 동안 저는 만방국제학교의 많은 교사들이 가르침에 대한 생각이 바뀌는 것을 보았습니다. 교사들을 생각하고 깨우치고 창조하도록 교육했습니다. 놀랍게도 교사들 사이에서 교육 커뮤니티가 만들어지고 서로를 후원하고 격려하면서, 어떻게 하면 학생들이 스스로 깨우칠 수 있을지에 대한 방법을 찾는 움직임도 일었습니다.

학생을 깨우치고 성품을 형성하는 것 외에 만방국제학교의 궁극적인 목표는 '변화'입니다. 깨우침과 성품의 발전은 궁극적인 목적, 즉 전 세계에 영향을 미치기 위한 파워풀한 도구가 됩니다. 저는 특히 만방국제학교의 한 졸업생에게서 영향을 받았는데, 이 학생은 "저를 가르쳐주신 선생님들처럼 학생들을 진리로 이끌고 진리 속에 살도록 가르치고 싶습니다."라며 학교로 돌아와 어린 마음들을 위해 봉사하고 있습니다.

몇 년 전, 미국을 방문한 만방국제학교의 한 고등학생과도 대화를 나눈 적이 있습니다. 그 학생은 "언젠가 저는 만방국제학교와 같은 학교를 도시에 세우고 싶습니다. 그래서 사람들을 돕고 그들을 진리 가운데로 이끌고 싶습니다."라고 말해 저에게 큰 감동을 주기도 했습니다.

교육이란 깨우치고, 만들고, 변화시키는 것입니다. 저는 만방국제학교에서 이 세 가지 중요한 요소를 보았습니다.

목차

프롤로그

"최고의 달리기 선수가 다이어트, 숙면, 정신적 인내력, 근력 훈련 등에 집중하듯이 만방국제학교 교수진들과 교직원들은 교육의 포괄적인 본성에 집중합니다. 머리(지식 내용), 가슴(도덕, 가치관, 감정), 손(윤리와 봉사)의 통합적인 교육은 우리에게 좋은 교육 토대가 되었습니다. 만방국제학교와 공동 연구를 해나가면서 인상적인 것은 교육 성취에 대한 기대가 커짐에도 불구하고, 학생들의 부담이 증가하지 않는다는 것입니다. 미소, 기쁨, 세계에 미칠 긍정적인 영향에 대한 꾸준한 참여, 분명한 기대감이 학생들에게 나타나 항상 활기가 넘칩니다."

– Keith Walters

(미국 캘리포니아 교사 자격 심사위원, 캘리포니아 뱁티스트대학 교수)

'남다른 무언가(Something Different)'를 가진 사람은 그 어떤 비교의식을 떠나 자신 있게 자기의 인생을 개척해나갈 수 있다. 'Something Different'를 가진 사람은 'Somebody Different'가 된다. 'Number One'이 아닌 'Only One'으로 세상을 특별하고 남다르게 살아가는 사람 말이다. 가정에서 이루어지는 교육이든 학교에서 이루어지는 교육이든, 교육의 목적은 이런 사람을 만들어내는

세븐파워교육

데 있다. 그러나 지금 우리의 교육 현실은 어떠한가. 온통 'Number One'만을 향해 달음박질치도록 채찍질하고 있지 않은가.

'교육은 인생의 알파요, 오메가'라고 말하고 싶다. 열등감을 이기고, 외로움을 이기고, 악을 이기고, 닫힌 사고를 열어주고, 지적 실력을 한껏 올려주고, 자신의 한계를 이기는 파워를 길러주는 교육이 바로 학교의 몫이다. 그런데 지금 우리 주변에는 그러한 몫을 다하는, 모델이 될 만한 학교가 없다. 공립이든 사립이든 대안학교든 학원이든, 교육의 가치를 융합하고 새롭게 할 수 있는 학교 말이다.

십수 년 전, 아이들에게 웃음을 주는 학교, 파워를 길러주는 학교를 꿈꾸며 제자들과 함께 만방국제학교를 세우게 되었다. 우리는 무엇보다 학생들의 파워를 길러주는 데 모든 노력을 동원하고 있다. 감히 교육의 민족인 유대인도 부러워할 만한 교육이 이루어지고 있다고 자부한다. 어떻게 그렇게 확신하느냐고? 나무의 상태는 그 열매를 보고 알 수 있기 때문이다.

앞서 소개한 미국의 한 대학 교무처장의 편지에서 보듯, 우리의 열매는 놀랍도록 건강하며 우수하다. 한국의 학교들이 배출하는 아이들을 보면 학업 성적은 우수하지만 정서가 불안한 아이, 정서는 안정적이지만 학업 성적이 좋지 못한 아이와 같이 불균형적인 교육이 이루어진 아이들이 너무나 많다. 우리 만방국제학교의 졸업생들은 우수한 학업 성적뿐 아니라 정서적으로도 탁월한 안정감을 지니고 있다. 이것이 교육의 바른 열매가 아니고 무엇이겠는가. 이제 그 교육의 핵심인 '세븐파워 학습법'을 한국의 부모와 교사들에게 소개하려 한다. 이 책이 우리 교육에 새로운 지평을 여는 도구가 되기를 소망한다.

만방국제학교

김민정(교육매거진 앤써 기자)

세계 유명 교육에 대한 한국 학부모들의 관심이 그 어느 때보다 뜨거운 요즘이다. 한국 교육에 대한 불만과 불안이 한국을 넘어 세계로 눈을 돌리는 이유리라. 독일에는 인간에 대한 바른 이해를 기반으로 아이와 더불어 부모도 성장하는 '발도르프 학교'가, 영국에는 세계 대안학교의 롤모델이자 자유의 상징인 '서머힐 학교'가 있다면 중국에는 '만방국제학교'가 있다. 우수한 인성교육을 무기로 학생의 진정한 성장을 추구하는 교육의 세계적 흐름을 주도하며 미국과 유럽에서도 잇단 러브콜을 받고 있는 이 학교가 궁금한 독자들을 위해 매거진 앤써가 직접 중국 하얼빈을 찾아가보았다.

'진짜 학생'과 '참 교사'를 보았다
만방국제학교

학교의 모습이 비정상이 되어버린 게 언제부터일까. 교사는 배울 자세가 안 된 학생들이 문제라고 소리치고 학생들은 존경할 만한 스승이 없다고 아우성이다. 지금 우리의 학교 안에는 성적과 등수로 아이를 재단하는 교사와 단지 좋은 대학에 가기 위한 도구로 교사가 필요한 학생이 있을 뿐이다. 한 마음으로 학생 한 명 한 명의 행복한 미래를 설계하던 교사의 초심은 어디로 갔을까. 오직 '희생'과 '헌신'의 마음만으로 '교육'을 위해 뭉친 이들이 십수 년 전, 중국 하얼빈 허허벌판에 세운 '파워나지움(파워를 기르는 곳)'이 특별해 보이는 건 비단 기자만의 생각은 아닐 것이다.

1부
만방 학생들의 '인성'을 논하다

우리나라에서는 인성교육을 '수업'으로 만들어 일회성으로 가르치려 한다. 그런데 과연 인성이 수업 몇 번만으로 길러질까? 쉽게 고개가 끄덕여지지 않는다. 인성은 생활 속에서 습관으로 체화되기 때문이다. 체육 수업 몇 번, 음악 수업 몇 번, 명사 특강 두어 번으로 만족하지 않고 아침에 일어나 저녁에 잠자리에 들 때까지 모든 시간에 밀착하여 삶 전체를 인도하는 교사들이 몸소 가르치는 인성은 어떤 모습일까. 만방국제학교 설립자인 최하진 박사와 최현 교장은 만방국제학교의 교사들을 '학생을 위하여 죽을 각오로 살아가는 사람들'이라고 소개했다.

저마다 다른 꽃을 피우는 아이들에게

우리 사회에서 아이들의 인성을 논하게 된 가장 큰 계기는 질풍노도의 시기, 사춘기 때문이 아닐까. 중2로 대표되는 사춘기는 무서운 '중2병'으로 불리며 학부모들을 벌벌 떨게 한다. 사춘기는 사실 아이들이 자신의 비전을 꿈꾸고 찾아가는 시기인데 반항의 시기로만 비춰지는 현실이 짐짓 씁쓸해진다.

이 시기의 아이들은 학교와 집, 교사와의 관계에서 각기 다른 모습을 보이는데, 어느 한 부분으로만 판단할 것이 아니라 다양한 각도로 보아야 비로소 한 아이를 온전히 이해할 수 있다고 최현 교장은 일침을 가한다.

"아이들은 교사랑 상담할 때와 가정에서 부모와 이야기할 때가 다 달라요. 즉, 아이들의 다양한 모습을 보려면 학교 생활만 파악하는 것으로는 부족하단 말이에요. 여기에서 전원 기숙사 학교의 강점이 드러나게 되는데요. 만방 국제학교에서는 '24/360 케어 시스템'으로 학생들을 케어하고 있어요. 만방의 교사들은 학교에서의 모습은 물론, 기숙사 생활까지 거의 24시간, 360도로 아이들을 관찰할 수 있는 셈이지요."

학생 케어의 주축은 상담인데, 만방국제학교에서의 상담은 곧 성적과 연계된다. 학생과 가족 및 친구와의 관계, 학습 태도, 진로에 대한 고민 등 인성과 관련된 다양한 부분이 성적에 영향을 준다고 보는 것이다. 보통 인성교육은 성적과는 별개로 진행하는 경우가 많은 데 비해 색다른 접근 방식이다.

"아이들의 모든 고민은 성적에 고스란히 나타나기 마련이거든요. 세 가지 성적 그래프로 예를 들어 볼게요. 1년 내내 오르락내리락 흔들리는 아이, 낮은 성적이 어떤 계기로 쭉 치고 올라간 아이, 계속 상위권을 유지하는 아이가 있어요. 첫 번째 아이는 집과 부모님에 대한 향수로 성적이 낮아졌다가 학교에 대한 기대감으로 다시 상승했고, 감기로 병원에 입원했을 때 잠시 주춤했어요. 두 번째 아이는 입학 후 잘 적응하지 못해 낮은 성적을 유지하다가 좋은 친구들을 만나게 되면서 성적이 쭉 치고 올라갔죠. 마지막 아이는 성적은 항상 상위권이었지만 공부에 대한 압박을 가지고 있었어요. 미국 학교에서 보이지 않는 차별을 느껴온 아이라 자신의 정체성을 성적과 동일시하고 있었거든요. 성적만이 전부가 아니라는 사실을 알려주기 위해 교사들이 부단히 노력했고, 오히려 성적이 떨어진 걸 한마음으로 기뻐했다니까요."

　성적의 높낮이로 아이를 낙인찍기보다 왜 이러한 성적을 받게 되었는지를 먼저 고민하는 교사들이 있기에 가능한 일이다. 세상에는 단 한 명도 똑같은 아이가 없다. 저마다의 스토리를 가진 아이들을 위해 학생 한 명 한 명의 변화 과정을 끊임없이 추적해온 교사가 공유하는 'Case Study'를 매주 진행하는 것도 이러한 이유에서다.

　인터뷰를 마치고 차를 마시는 시간에도, 저녁 식사 자리에서도 선생님들의 아이들 이야기는 끊이지 않는다. 누가 오늘 설사를 해서 컨디션이 안 좋고, 이번 주 시험을 앞둔 누구는 면 대신 밥을 먹여야 한다는 등 정말 '시시콜콜'한 이야기가 이어진다. 가만히 귀 기울이고 있자니 문득 나태주 시인의 '풀꽃' 구절이 생각난다.

　'자세히 보아야 예쁘다. 오래 보아야 사랑스럽다. 너도 그렇다.'

부모와 스승의 발자국을 따르는 교육

　'이상한 아이 뒤에는 더 이상한 부모가 있다. 부모가 변해야 아이가 변한다.' 모두가 공감하는 말이지만 실천에 옮기기란 쉽지 않다. 그렇기에 만방국제학교의 행보가 두드러져 보이는지도 모르겠다. 만방국제학교의 입학 면접은 독특하게도 학생과 부모가 함께 참여한다. 특히 엄마뿐 아니라 아빠도 참여해야만 비로소 면접이 진행된다. 부모를 보면 아이의 인성을 알 수 있다는 게 만방국제학교의 철칙이기 때문이다. 그래서 단 한 명의 학생을 뽑을지라도 이들을 직접 검증하기 위해 교장단이 직접 한국으로 가는 남다른 열의를 보인다.

　"부모와 함께 면접하다 보면 재미있는 일이 많아요. 보통 한 시간 이상 진행되는데, 면접에 임하는 아이를 보면서 부모들은 몰랐던 아이의 모습을 발견하게 되었다고 하더군요. 가장 기억에 남는 면접으로는 우여곡절 끝에 입학한 철규가 떠오르네요. 공부 잘하는 형에 대한 비교의식에 사로잡혀 열등감 때문에 힘들어하던 학생이었어요. 면접 현장은 이미 패색이 짙었죠. 마지막 순간, 철규 아버지가 간절한 마음으로 입학을 원하며 눈물을 흘리기 시작했어요. 남자의 눈물, 특히 아버지의 눈물은 가슴을 울리는 무언가가 있나 봐요. 철규도 난생 처음 보는 아버지의 눈물을 보며 만감이 교차하는 표정이더라고요. 그리고는 전혀 다른 태도로 면접에 열의를 보였고, 기적적으로 입학할 수 있었어요. 그 이후로 철규는 일명 '아버지의 눈물'로 통하죠(하하). 물론 철규는 지금은 공부에 대한 자신감과 리더십 있는 학생이 되어 '아버지의 자랑'으로 변화되었죠."

부모의 진심이 자녀에게 통하는 순간이다. 이러한 소통이 가능하려면 부모가 먼저 변해야 한다. 만방국제학교에서는 학부모에게 많은 요구를 하기로 유명하다. 한 달에 한 번 학부모도 필독서를 읽어야 하고, 아이가 학교생활에 문제가 있거나 가정에서 필히 챙겨야 할 부분을 공문으로 발송할 경우 공문의 내용을 확인했다는 피드백이 올 때까지 끊임없이 학부모를 괴롭힌다고.

"만방국제학교에서는 3번 거짓말을 하면 퇴학 결정을 내릴 정도로 엄격한데, 얼마 전 한 학생이 거짓말을 해서 한 달 동안 한국으로 귀가조치를 내렸어요. 이때부터 부모에게 과제가 주어집니다. 학생의 생활 패턴이 흐트러지지 않도록 매주 학생의 일과를 관찰하여 학교 측으로 메일을 보내야 해요. 단, 집으로 돌아온 아이를 무작정 탓하기보다는 모처럼 아이와 함께할 시간을 가진다는 기쁨으로 아이와의 시간을 즐길 수 있도록 하고 있어요. 이 과제를 완수해야만 다시 학교로 돌아올 수 있답니다."

학부모의 변화도 놀랍다. 소위 '갑질'하는 학부모에서, 교사와 학교를 무한 신뢰하는 '열혈 팬'으로 바뀐다. 전적으로 아이를 맡기고 매주 학교와의 소통에 귀 기울이면 어느새 인성이 한 뼘 더 자라난 아이를 마주할 수 있음을 경험했으니 말이다. 부모에게 가장 어렵다는 기다림의 미학을 절로 체득시켜주니 절로 '팬'이 될 수밖에.

"공부를 잘해도 떨어지는 학교가 여기에요. 인생의 성공이 항상 성적과 비례하는 건 아니거든요. 중요한 건 인성이고, 아이의 인성에 바탕이 되는 부모의 됨됨이입니다. 잘하는 아이들을 더 잘하게 만드는 일은 쉽다고 생각해요. 바른 인성만 있다면 못하는 학생도 잘할 수 있게 만드는 게 학교가 할 일 아닐까요?"

———

만방국제학교의 Secret Note
세븐파워교육

단순히 지식을 길러주는 것으로는 진정한 학교의 역할을 다 했다고 보기는 어렵다. 살아있는 지식을 가르치기 위해서는 주변에 영향력을 미칠 수 있는 동적인 힘, 즉 파워가 필요하다. 일곱 가지 파워를 갖춘 인재를 양성하는 게 만방국제학교의 목표다.

Power Ⅰ. 네트워크 파워 - 인간관계, 사회성 및 다양한 타문화 수용 능력
Power Ⅱ. 멘털 파워 - 긍정적이고 도전의식이 넘치는 돌파 능력
Power Ⅲ. 브레인 파워 - 지혜롭게 학습하고 집중력과 창의력을 높이는 두뇌 능력
Power Ⅳ. 모럴 파워 - 정직성 등 바른 성품과 이웃을 위하는 이타적 능력

Power Ⅴ. 리더십 파워 - 자기관리에서 시작하여 공동체와 사회를 섬기는 능력

Power Ⅵ. 바디 파워 - 좋은 식습관과 운동으로 체력을 뇌력으로 만드는 능력

Power Ⅶ. 스피리추얼 파워 - 삶과 죽음에 대한 통찰력과 사명의식의 능력

Mini Interview
우유 카페에서 열린 만방 학생 간담회

만방국제학교의 학생들을 직접 만나보고 싶다는 기자의 말에 선생님들이 즉석에서 아이들을 섭외하기 시작했다. '우유 카페'로 하나둘 모이는 폼이 예사롭지 않더니, 어느새 스무 개 남짓한 의자가 꽉 채워지고 의자 뒤로 원을 그려 아이들이 서기 시작한다. 눈대중만으로도 서른 명은 족히 넘는 듯한 아이들의 방문(?)에 인터뷰는 간담회가 되어버렸다.

Q 만방국제학교 자랑

A 쓸 데 없는 시간이 없어요. 다양한 활동(Activity)을 통해 평소에 하지 못한 다양한 경험들을 할 수 있어요. 대표적인 것이 합창과 오케스트라예요. 중국 문화와 중국어를 현지 친구들과 함께 배울 수 있는 장점도 있고요. 무엇보다도 성적에 대한 집착을 버릴 수 있어요. 이 모든 게 선생님들 덕분이에요. 입학 첫날부터 번호가 아닌 이름을 불러 주시거든요. 심지어는 저보다 절 더 많이 아시는 것 같아요(하하). 사랑받는다는 느낌을 받으니 자신의 가치를 찾을 수 있고, 대학 너머의 꿈을 보게 되지요. 제 동생까지 보내고 싶은 학교라면 이해가 쉬우시려나요?

Q 한국 학교와 이것이 다르다!

A 일단 학교 폭력, 왕따, 비속어가 없어요. 반장과 부반장 등 학급 임원도 학생들이 아닌 선생님이 임명해주세요. 가장 신기한 건 성적보다 인성이 먼저인 학교라는 점이에요. 왜 공부를 해야 하는지를 먼저 깨닫게 하니 목적의식을 갖게 되고 자연스레 공부를 하게 되거든요. 특히 고3이 되면 대학 입시에 포커스를 맞춰 수많은 정보들이 쏟아져 나오잖아요. 이 문제집이 좋다, 논술 준비를 해야 한다 등등 사소한 정보 하나에도 흔들리게 되죠. 하지만 저희는 시험을 위해 공부하지 않아요. 시험은 하나의 과정일 뿐, 눈앞의 대학 입시가 아닌 그 너머의 것을 보게 해주시는 선생님들 덕분에 제 자신에게 한계를 두지 않는 거죠.

Q 아직 못다 한 이야기, 인성

A 만방국제학교에서는 '반항'이 없어요. 선생님들이 권위적이거나 감정적이지 않고 우리를 위해 최선을 다하시는 게 느껴지거든요. 인성교육 또한 일회성 수업으로만 그치는 게 아니라 기숙사 생활을 통해 많은 사람들과 접하고 관계에 대해 배우는 기회를 제공하고 있어요. '빨리 가려면 혼자 가고, 멀리 가려면 함께 가라'는 말 그대로 공동체 의식에 대해 체득할 수 있는 학교이지요.

Q 고3 학생들, 공부 이야기도 좀 해주세요!

A 저희는 지금 대학 입시를 3일 앞두고 있는데요. 시험이 전혀 두렵지 않다면 믿으시겠어요? 사실 지금의 실력이 어느 정도인지 확실히 모르지만 자신 있어요. 모든 순간에 최선을 다했기 때문인 것 같아요. 비결이라

면, 멘토링을 빼놓을 수 없지요. 50명 남짓한 고3이 한 공동체가 되어 서로의 지식을 공유하고 노하우를 전수해주는 그룹 스터디인데요. 사실 저희는 유학생 특별 전형으로 대학에 지원하는 거라 최소 1명에서 최대 20명 정도의 정원을 두고 서로 경쟁하는 사이라고 할 수 있어요. 하지만 멘토링을 통해 경쟁자가 아닌, 협력하는 방법을 배우고 있어요. 나눠서 줄어드는 게 아니라 같이 성장할 수 있음을 깨달았으니까요.

2부
만방 학생들의 '학습'을 말하다

성적과 학습에도 강한 만방국제학교의 입시에 대한 자신감은 인성교육에 가려져 덜 알려진 부분이다. 만방 학생들에게 있어서 학습은 너무나 기본적인 것이어서 따로 언급할 필요를 느끼지 못했단다. 그도 그럴 것이 자신이 왜 공부해야 하는지 제대로 알고 하는 학습과 그렇지 않은 학습은 차이가 있을 수밖에. 사실은 외대부고보다도 더 많이 공부시키는 학교라며 대수롭지 않은 듯 미소 짓는 이 학교의 숨겨진 또 하나의 강점을 엿볼 차례다.

영어와 중국어를 동시에 마스터하고 싶다면?

만방 학생들은 중국어는 기본이고, 수준급의 영어 실력을 갖추고 있다. 한국어가 아닌 중국어와 영어로 일반 과목을 가르치기 때문이다. 여기서 그치지 않는다. 대부분의 수업이 참여형 토론 수업으로 이뤄져 자신이 생각하는 바를 중국어와 영어로 논리정연하게 토론하고 에세이를 쓰는 경지에까지 이른다.

"텝스, 토플, HSK 등의 공인어학시험에 맞춘 학습이 아니에요. 우리의 목표는 고작 시험 성적을 잘 받는 게 아니거든요. 학교의 수업을 열심히 따라가다가 주말에 하루 시간을 내어 공인어학시험을 보러 갔다 와요. 당연히 원하는 성적을 취득해 오지요. 실전에서 바로 활용 가능한 말하기와 학문적 깊이를 가진 학습을 하니 따로 시험을 준비하지 않아도 될 정도의 실력이 완성되는 건 두말할 나위 없지요."

유치원 때부터 영어를 배우면서도 정작 외국인을 만나면 입도 뻥긋하지 못하는 한국식 영어와는 차원이 다르다. 실력은 공부 시간에 비례하지 않는다는 사실을 보여주는 셈이다. 만방국제학교에서 3~4년 학습한 중고등학생들은 대학 수준의 실력을 갖추게 된다고. 학생의 수준에 맞는 로드맵을 제시하니 아웃풋이 극대화되는 건 당연하다.

이처럼 한국어, 중국어, 영어 등 최소 3개 국어를 마스터하는 만방 학생들은 중국 대학은 물론 미국, 캐나다, 유럽, 호주 등 해외 대학 진학에도 강점을 보인다. 특히 미국 대학의 경우 SAT 준비에서부터 원서접수까지 모두 교사들이 진행할 만큼 교사들의 수준과 입시 지식이 해박하다. 이러한 강점들이 입소문을 타면서 별다른 홍보 없이도 경쟁률이 매년 높아지는 추세다.

목표가 다른 학교, 차원이 다른 학교

인성교육으로 유명하다 보니 자칫 대안학교로 오해를 받곤 하는데 만방국제학교는 초·중·고등학교를 갖춘 어엿한 일반 학교다. 하지만 여느 국제학교들과는 다른 커리큘럼을 자랑한다. 각기 다른 재능을 가진 아이들을 교육하기 위해서는 매년 발전된 커리큘럼으로 보조를 맞춰야 한다는 것이다. 그중에서도 최고의 효과를 뽐내는 두 가지가 있다. 위클리 테스트와 바인더가 그

것이다.

"만방국제학교가 인성만 교육한다는 건 편견이에요. 아마 저희만큼 시험을 많이 보는 학교도 드물 거예요. 매주 '위클리 테스트'가 있거든요. 물론, 성적에 연연하라고 보는 테스트는 아니에요. 시험 공포증을 떨쳐 내고 매주 배운 내용을 제대로 습득했는지 점검하는 도구일 뿐이지요. 만방국제학교를 대표하는 또 하나의 시스템은 '바인더'예요. 스터디 플래너와 비슷한 개념인데, 스스로 계획을 세우고 실행 여부를 체크하여 보완점까지 정리해요. 이를 반복하다 보면 저절로 자기주도학습이 되는 셈이지요."

바인더를 하나하나 펼쳐 자랑하는 최현 교장의 목소리에는 애정이 듬뿍 담겨 있다. 바인더 곳곳에 정성스레 손글씨로 작성된 교사의 코멘트가 보인다. 교사들의 사랑이 눈에 보여 차마 반항할 수 없다는 아이들의 이야기가 이제야 이해가 간다. 자신을 좋아하는 사람은 그 누구보다도 먼저 알아보는 게 아이들이 아니던가. 우리가 아이들에게 주어야 할 것은 다름 아닌 관심과 사랑이라는 것을 새삼 깨닫는다.

관심과 사랑에 둘러싸인 아이들은 공부뿐만 아니라 다양한 활동에서도 두각을 나타낸다. 중국 전역에서 모이는 합창대회에서 당당히 1등의 영예를 거머쥐기도 하고, 교내 스피치대회에서는 각 주제에 대한 프로젝트 활동을 통해 정형화된 답이 아닌 기상천외한 연구들이 쏟아져 나온다. 창의력은 주입식 교육만으론 한계가 있다. 창의성이 발휘될 수 있는 환경을 만들어줄 때 길러지는 법이다.

"창의성을 주입시키는 한국 교육과는 다르게 학생들이 스스로에게 한계를 두지 않도록 팀별 프로젝트를 수행하는 수업이 많아요. 토론이나 발표대회를 통해 창의성을 표현할 기회를 수없이 제공하고 있죠. 아이들의 목표는 대학에 머물지 않아요. 한국의 문화를 바꾸고 나아가 세계 곳곳에 제2, 제3의 만방국제학교를 세우기를 희망하는 제자들이 있기에 만방국제학교의 미래는 든든합니다."

만방국제학교 방명록에 남긴 기자의 한마디

만방국제학교에는 있는 것과 없는 것이 있다. 선후배 관계가 없는 대신 '목장'이라는 셀 그룹이 있다. 학생들은 목장을 친구 이상의 친구 관계를 만드는 공동체라고 정의한다. 또 휴대폰이 없는 대신 매일 '감사 일기'를 쓴다. 타국에 있는 부모에게 마음을 담아 쓴 매주 한 통의 손 편지는 부모라면 그 어떤 것보다 값진 선물일 게다. 마지막으로 거짓말과 가식이 없고 '순수함'이 있다. 세상의 기준과 가치에 맞추느라 어느새 뒷전으로 밀려난 동심 말이다. 한자리에 모인 수십 명의 학생들에게 저마다 다른 꿈을 들을 수 있다는 것, 누군가의 말에 온전히 공감하고 존중의 눈빛을 보낼 수 있다는 것. 이것만으로도 만방국제학교의 교육이 어떠한 파워를 가지는지 충분히 가늠할 수 있으리라.

Power Base

파워나지움을
세우다

바보들의 도전 행진

"Stay hungry. Stay foolish."

스티브 잡스가 스탠퍼드대학교 졸업식 연설에서 마지막으로 한 말이다. 그런데 우리는 헝그리 정신에 대해서는 자주 강조하는 반면, 바보같이 살라는 말은 좀처럼 하지 않는다. 잠시만 생각해보면 바보가 역사를 만들어나간다는 것을 눈치챌 수 있는데도 말이다.

나도 한때는 성공을 향해 달음박질하는 인생을 살았었다. 부자가 되기 위해 부단히도 애쓰는 인생이었다. 내가 만 스물여덟 살의 나이로 KAIST에서 박사학위를 받고 대덕 연구단지에서 연구원으로 일할 때였다. 직장 선배를 따라다니며 비싼 명품 오디오 세트를 수집하기도 하고, 주중에는 고상하게 골프도 즐겼다. 어디 그뿐인가. 주말이면 남들이 좋다는 곳은 다 찾아다니며 그야말로 인생을 즐기는 데 여념이 없었다. 그러던 어느 날, 여느 때처럼 즐거운 하루를 마치고 집으로 돌아가는데, 문득 알 수 없는 불안감이 엄습했다.

'정말 이렇게 살아도 되는 걸까?'

낮에는 점잖고 지적인 과학자, 밤에는 유흥의 물결에 휩쓸려 밤거리를 기웃거리는 불쌍한 인생. 결국 죽음을 향해 달려가는, 지금은 화려하고 행복해도 훗날 단지 '죽었다'로 끝나버릴 인생. 그랬다. 내 인생은 성공을 향하는 인생이 아니라 실패의 두려움에 쫓기는 인생이었던 것이다. 나는 부자가 되기 위해 애썼던 것이 아니라 가난의 두려움에 쫓기고 있었다. 인기와 명예를 갖고 있다고 생각했지만, 종국에 내가 발견한 것은 외로움의 두려움에 쫓기는 내 모습이었다.

KAIST 공학박사에 스탠퍼드대학(Stanford University) 포스트닥터로서 별 탈 없이 안락한 삶을 누릴 수 있을 터였다. 하지만 내 삶의 깊은 곳을 들여다 본 이상, 나는 더 이상 성공에만 만족하는 삶을 살아갈 수 없었다. 이미 내 안에는 과거의 나와 같이 '생존', '출세', '욕망'에 휩싸여 방황하는 사람들이 올바른 가치관에 입각한 꿈과 희망을 찾고 성취할 수 있도록 도와주고 싶은 사명이 생겨버렸다. 결국, 온갖 부러움을 살 만한 조건들을 뿌리치고 주변 사람들로부터 '미쳤다'는 소리를 들어가며 중국으로 향했다.

26년 전 중국은 지금과 사정이 많이 달랐다. 경제적으로 개방되기 훨씬 전이었고, 사회·문화적으로는 고립되어 있었다. 재정적인 문제와 신변의 안전도 보장받을 수 없는 낙후된 나라였기에 주변 사람들의 우려가 쏟아질 만도 했다.

중국에 도착한 나는 대학교수로서 청년들과 교류하며, 그들에게 학문의 성취나 성공한 삶을 위한 가르침보다 삶의 진정한 목적을 깨우치고 공부의 동기를 일으켜주기 위해 힘썼다. 그들이 개인의 성공 욕구 때문에 공부하는 것보다는 세상에 더 위대하고 선한 영향력을 발휘할 꿈을 갖도록 도왔다. 당시 교수 월급이 미화로 100달러도 안 되던 시절에, 한 달에 수천 달러씩 쓰며 그들과 만나고 가르치며 섬겼다. 무엇 때문에 그토록 많은 돈이 들었는지 반문하는 사람도 있을 테지만, 당시 내가 도왔던 대학생들은 우리가 생각하는 일반 대학생들이 아니었다. 오렌지주스와 잼을 우리 집에서 난생 처음으로 맛봤던 청년들이었다. 시골집에 가면 방 하나에 온 식구가 오밀조밀 모여 사는, 한겨울에도 나일론 양말을 신고 다녀야 했던 몹시 가난한 학생들이었다. 그래서 내가 가진 양말을 나눠주고, 옷과 먹을 것을 제공하는 것도 봉사의 큰 부분이었다.

처음에는 면제받은 3년의 군복무 시간만큼만 봉사를 해보자는 생각이었다. 하지만 교육을 통해 변화되는 대학생 제자들의 모습을 보며, 점차 청소년으로 관심이 옮겨가기 시작했다. 대학생들도 이렇게 변하는데, 더 어린 청소년기에 제대로 된 교육을 받는다면 그 효과가 얼마나 폭발적이겠는가. 그리고 돈벌이를 위해 한국으로, 중국의 연해지역으로 떠난 부모와 떨어져서 제대로 된 사랑과 교육을 받지 못한 채 자라는 재중 동포들의 자녀들의 참혹한 현실도 또 다른 이유가 되었다. 이들을 보듬어줄 학교가 절실했다. 그들을 가슴으로 품으며 거룩한 사명이 하나 더 생겼다. 중국 땅에서 더 나아가 북한 땅에도 어린이와 청소년들을 위한 학교를 만들겠다는 사명. 그때부터 나의 직업은 스쿨 플랜터(School Planter)가 되었다. 학교를 만드는 사람!

학교를 세우다

꿈과 비전은 다른 사람들과 나눌 때 구체화된다. 어느 날, 제자들에게 학교를 만들고 싶다는 이야기를 꺼냈다. 한마디로 비전을 나눈 것이었다. 그런데 놀라운 것은, 그 이야기를 들은 제자들이 곧바로 동참하겠다고 반응하는 것이었다. 그렇게 대학교수, 사업가, 직장인, 유학생 등 열두 명의 바보들이 모였다. 한 사람이 아니라 무리가 죽기를 각오하고 덤벼드는데 안 될 게 있겠는가. 나는 리더의 자리가 아닌 제자들의 뒤에서, 경험과 지혜로 돕는 자리에서 그 역할을 해나가기 시작했다.

우선 허허벌판에 깃발부터 꽂고 기도하기 시작했다. 한국에서 부동산 투자를 해봤던 경험이 있던 터라, 도로도 전기도 없는 땅이었지만 그 발전 가능성을 바로 알아볼 수 있었다. 몇십 년이 지나면 사고 싶어도 못 살 땅 같아 보였다. 예측대로 시에서 개발구로 지정해 사용권을 사들여놓고 기업이나 학교에 분양을 막 시작하려던 순간이었다. 그러니까 우리가 그 지역의 첫 손님인 셈이었다. 우리의 불타오르는 눈빛과 사명감이 담당자의 마음을 움직였는지, 정말 헐값에 학교 부지를 살 수 있었다.

그러나 건축 허가를 받는 것이 만만치 않았다. 33개의 관계 부서로부터 도장을 받아야 최종 건축 허가서가 나오는데, 쉽게 받으려면 뒷돈을 주라고 지인이 코치해주는 것이었다. 하지만 청소년들의 바른 교육을 위해 학교를 세울 부지 위에 정직하지 못한 방법으로 건축을 추진할 수는 없었다. 그렇게 우리는 또 한 번 바보가 되기로 했다. 관공서 직원들을 무작정 찾아가고 또 찾아가는 수밖에 없었다. 한 번, 두 번, 안 되면 또, 그래도 안 되면 또또, 또또또…. 이렇게 눈물겨운 노력 끝에 결국 33개의 도장을 모두 받아낼 수 있었다. 만약 그때 현실에 떠밀려 불의한 방법을 선택했다면 어땠을까? 현재 만방국제학교의 정직에 대한 신뢰도는 당시 정직을 포기하지 않고 굳게 밀고 나갔던 결과물이다.

그렇게 우리는 중학교를 개교한 것을 시작으로 고등학교, 유치원, 초등학교, 카페테리아, 체육관, 리더십 센터 등 일 년에 하나씩 하나씩 지어나가기 시작했다.

허허벌판, 무작정 깃발부터 꽂고 기도하다.

세븐파워교육

Power Base 파워나지움을 세우다

학교 이상의
파워나지움

나는 우리나라 교육에 장점이 많다고 생각한다. 국제 평가에서도 항상 상위권일 정도로 학생들의 학업 성취도가 높고, 죽을 각오로 공부하는 학생들의 자세는 우리나라의 경쟁력을 지금의 수준에까지 끌어올린 비결이기도 하다. 그런데 시대가 바뀌면서 이러한 장점이 단점으로 바뀌고 있다. 경쟁의식이 너무 과열된 나머지 대한민국의 교육 엔진이 폭발 직전의 상태가 되어버린 것이다. 올바른 방향으로의 교육이 절실한 때다. 우리나라 교육의 문제부터 진단해보자.

이와 같은 교육 환경 속에서 자라날 우리 청소년들에 대한 애절함이 끓어오른다. 그들이 더 기쁘게, 신나게, 멋있게 공부하며 미래를 준비하도록 도와줄 수는 없을까?

공부란? 교육이란?

"교육이란 인성과 지성을 겸비한 사람을 기르는 것이다."

아마 대부분의 사람들이 이 말에 고개를 끄덕일 것이다. 인성과 지성, 이 두 가지를 함께 길러야 함은 자명하다. 그렇지만 뭔가 부족하다. 정적이라는 느낌이 드는 것은 왜일까? 인성과 지성이 있다 한들 활용하지 못한다면 무슨 소용이 있을까? 그래서 '파워'가 필요한 것이다.

"교육이란 선한 영향력을 미치도록 다양한 파워를 길러주는 것이다."

"공부란 선한 영향력을 끼치기 위한 다양한 파워를 기르는 것이다."

'성적'을 높여주는 것이 교육이 아니라, '실력'을 길러주는 것이 교육이다. 공부란 단순한 지식 습득이 아니고, 다양한 파워를 기르는 것이다.

그렇다면 어떤 파워가 필요한가? 21세기를 이끌어 갈 인재는 다음과 같은 파워를 가져야 한다.

첫째, 네트워크 파워(Network Power)

이는 소통과 인간관계의 능력이다. 네트워크 파워를 가진다면 행복한 가정생활, 학교생활, 사회생활이 가능하다.

둘째, 멘탈 파워(Mental Power)

정신적 자신감은 행복하고 성공적인 인생에 매우 중요한 힘이다.

셋째, 브레인 파워(Brain Power)

무조건적인 암기식 공부가 아니라 생각하는 힘, 자기표현의 힘을 길러주고, 창의력이 넘치는 두뇌를 갖도록 한다.

넷째, 모럴 파워(Moral Power)

도덕적 능력을 높여야 사회로부터 존경받는 인재가 되는 것이다.

다섯째, 리더십 파워(Leadership Power)

셀프 리더십에서 시작해 공동체에 유익을 주는 리더십으로 발전시키고 결국 사회와 나라와 세계에 영향을 미치는 글로벌 리더로 자라야 한다.

여섯째, 바디 파워(Body Power)

먹는 것과 운동하는 것은 육체적 건강뿐만 아니라 두뇌에도 큰 영향을 미친다.

일곱째, 스피리추얼 파워(Spiritual Power)

물질적인 것만 바라보지 말고 인생 전체를 바라보며 가치 있고 의미 있는 삶을 살려고 할 때 파워풀해진다.

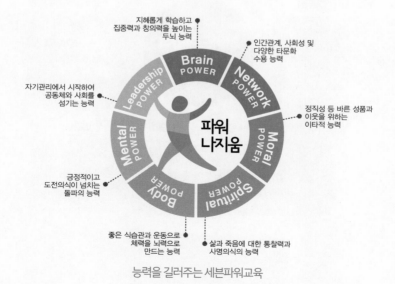

능력을 길러주는 세븐파워교육

이러한 일곱 가지의 파워가 균형적으로 갖춰진다면 행복하고 능력 있고 선한 영향력을 발휘하는 인재가 되기에 충분하다. 다음은 최근 하버드대학교가 《뉴욕 타임스》를 통해 발표한 '대학이 필요로 하는 인재상'을 정리한 것이다. 공교롭게도 우리 만방국제학교가 지향하는 일곱 가지 파워와 거의 일치한다. 이는 21세기의 인재는 성적이 아닌 실력, 즉 파워로 만들어진다는 우리의 주장을 잘 뒷받침해준다.

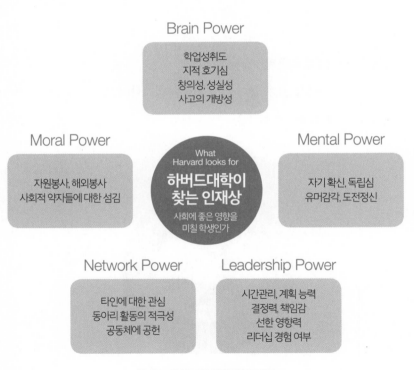

하버드대학교에서 발표한 인재상

예를 들어보자. 최근 청소년 자살률이 급속도로 증가하고 있다. 청소년 사망원인 1위가 자살이라는 통계가 있을 정도다. 통계청 자료에 의하면 13~19세 청소년의 자살 충동 이유는 성적과 진학, 가정불화, 경제적 어려움, 외로움, 따돌림 등으로 나타났다고 한다. 이렇듯 지금 우리 자녀들이 시달리는 극심한 스트레스와 자살 충동을 이겨내기 위해 필요한 것이 바로 멘탈 파워다. 하지만 입시 위주의 교육, 주변 친구를 경쟁자로만 여기는 현재의 교육 환경으로는 아이들의 멘탈 파워를 길러줄 수 없다.

인재 발전소 '파워나지움'

독일에서는 대학 진학을 위한 중등교육기관을 김나지움(Gymnasium)이라고 부른다. 어원을 풀어보면 'Gym'은 체력 단련을, 'Nasium'은 훈련하는 장소나 건물을 뜻한다. 이 단어는 그리스어 '김나시온(Gymnasion)'에서 비롯되었는데, 김나시온은 체육관이자 교육을 통해 청소년들에게 지성을 길러주는 장소였다. 이 단어가 두 가지 의미로 쪼개져 영어권에서는 체육관이라는 의미로, 독일어권에서는 교육기관을 가리키는 의미로 사용되고 있는 것이다.

반면, 우리가 사용하는 '학교(學校)'나 '스쿨(School)', '서당'이라는 단어는 학생들이 배우는 곳이라는 의미만 담고 있어 매우 좁은 의미의 교육기관을 상징하는 말이다. 그런 의미에서 교육기관을 칭하는 표현은 독일식이 더 적합하다고 볼 수 있는데, 나는 이 표현을 한 단계 더 발전시켜야 한다고 본다. '파워나지움(Powernasium)', 즉 학교는 파워를 단련시키고 기르는 곳이 되어야 한다는 생각이다.

독일의 김나지움

"파워나지움(Powernasium)은 선한 영향력을 끼치기 위한 다양한 파워를 기르는 인재 발전소다!"

학교나 부모는 학생들에게 앞서 소개했던 세븐파워를 키워주어야 하고, 학생은 파워나지움 안에서 최대한 훈련받을 수 있어야 한다. 이제 다음 장부터 각각의 일곱 가지 파워를 어떻게 키워나가는지, 그 노하우와 기적 같은 결과물들을 소개할 것이다. 한 장 한 장 이 책을 따라오다 보면, 21세기 초특급 파워 인재로 향하는 로드맵이 완성될 것이다.

다음은 만방학교 학생이 한 학년을 결산하며, 세븐파워가 어떻게 성장했는지 자신을 평가해보며 작성한 내용이다.

세븐파워교육

에스더의 세븐파워 성장 이야기

날짜 _ 7.9 / 이름 _ 양에스더

Question
이번 학기 만방 파워나지움에서 키워온 파워는 무엇인가요? 어떤 공부를 통해 파워를 키울 수 있었나요? 개인의 경험을 토대로 작성해봅시다.

Answer

브레인 파워

나는 공부를 하면서 '어떻게 하면 빨리 외우는가?', '어떻게 하면 빨리 끝내는가?'에 치중하는 편이었다. 그런데 만방에서 공부하면서부터는 그런 요령이 아니라 최선을 다해 열심히 하고, 뭐든 도전해보게 되었다. 그래서인지 항상 모르는 게 있으면 선생님께 질문하면서 공부하고, 책을 읽고 감상문을 쓰고 생각함으로써 보는 시야가 넓어져서 더 많은 지식들을 알게 된 것 같다.

네트워크 파워

한국에서도 인간관계는 괜찮은 편이었지만 만방에서처럼 남을 먼저 생각하며 배려하고, 힘들어하는 친구들의 고민을 들어준 적은 없었던 것 같다. 덕분에 다른 사람들의 의견과 생각을 더 존중하게 되었고, 여러 섬김이 활동을 통해 공동체를 사랑하는 마음을 더욱 크게 기를 수 있었다.

모럴 파워

요즘은 화장실에 아무렇게나 놓여 있는 슬리퍼나 바닥에 떨어져 있는 쓰레기를 보면 그냥 지나칠 수가 없다. 이전에는 '내 일이 아니니까', '누군가 할 테니까' 하는 마음으로 여러 가지 문제들을 방관하고 지나쳤다. 그러나 지금은 JG 말씀을 듣고 언니, 오빠들의 행동을 보면서, 나도 문제들을 지나치지 말아야겠다는 다짐을 하게 되었다.

스피리추얼 파워

한국에서는 스마트폰, 디지털 매체 등을 통해 자극적인 것만을 보고 생각했다면 이제는 그것들 대신 성경과 책을 본다. 그 덕분에 안 좋은 생각보다는 책의 글귀나 하나님 말씀의 교훈이 먼저 떠오른다. 이제는 불평불만 하지 않고 하나님께 의지하면서, 하나님께서 주신 행복이라는 믿음이 더욱더 굳건해졌다.

바디 파워

사실 나는 먹는 건 좋아하고 움직이는 건 귀찮아한다. 그런데 만방에 와서 일찍 자고 일찍 일어나고, 삼시 세끼를 꼬박꼬박 챙겨 먹으면서 MSG 없이 살다보니 피부는 물론이고 집중력이나 체력도 이전보다 훨씬 좋아졌다. 날마다 운동도 했더니 조금씩 체력이 좋아지는 것도 느낄 수 있었다.

멘탈 파워

이제는 어떤 시련이 닥쳐도 두렵지가 않다. 예전에는 어떤 일이 일어나면, 또 다른 일이 생길까 걱정하고 근심했었다. 그러나 이제는 시험에서 모르는 문제가 나오든 아니든, 주님께서 내게 주신 최고의 일임을 믿으면서 무너지지 않고 쭉 해나가자고 다짐하게 되었다. 어려운 일이 생겨도 만방 선생님들과 친구들이 있으니 전혀 두렵지 않다.

리더십 파워

1년간 섬김이를 하면서 선생님들과 언니, 오빠들을 보고 '섬김이란 무엇인가', '사랑이란 무엇인가'를 배우게 되었다. 이전에는 리더란 관리하고 명령하는 사람이라고 생각했는데, 지금은 손잡고 이끌어주고 다독여주며 때로는 이야기를 들어주고 설득함으로써 화평을 이루어나가는 사람이라는 것을 배웠다.

Q. 이번학기 만방 파워나지움에서 키워온 파워는 무엇인가요?
어떤 공부를 통해 파워를 키울 수 있었나요? 개인의 경험을 토대로 작성해봅시다.

Brain power, Network power, Moral power, Spiritual power, Body power, Mental power, Leadership power

Brain power: 나는 공부를 하면서 어떻게 하면 빨리 외우는가, 어떻게 하면 빨리 줄래는가에
집중하는 편이었는데, 만방에서 공부를 하면서는 그런 요령이 아니라 탄생을 다루신
현실되게, 위운 공부에 도전해보게 되었다. 그래서인가 항상 선생님들께 질문을
하면은 그 중에서 궁금했던 건 뿐만 아니라, 책을 읽고 또 정성스레 쓰고 생각을 하면서
보는 시야가 넓어져 더 많은 서술들을 알게 된 것같다.
Network power: 관계에서 인간관계는 편할수록 편이라지만, 만방에서처럼 배려하고, 나는 제일 먼저 생각
하고, 그러나 통겨 작은 없으로 것같다. 룸메의 덕분에 다른 사람들의 의견과 생각을 더
존중하게 되었고, 반서서 여기 식당에 활호을 통해 공동체를 사랑하는 마음을 더욱
크게 가득 있었다.
Moral power: 요즘은 라임인이 떨어져가는 순리미, 바닥 쓰레기를 보면 그냥 서버릴 수가 없다. 예전에는
내 일이 아니까, 다른 사람이 할터이니까 라는 마음으로 여러가지 문제들을 방관하고
치부했다면, 지금은 JG 말씀듣다 신네신바들의 현동을 통해 나도언가 움직여 차지치
받아야겠다는 다짐을 하게 되었다.
Spiritual power: 한국에서는 스마트폰, 대커임 배터를 통해 자극적인 순동감을 보고 생각했다면,
이제는 그 대신 성경과 책을 본다. 그덕분에 안 좋은 생각보다는 책의 근저과 타서님
말씀의 곳으로 먼저 떠오른다. 이제는 불평, 불만과 이러자 따나한에 의식만으로,
타나님에서 축신 행복한 것이라는 받음이 내 안에서 강해졌다.
Body power: 살이 찌면 입견키만 맛는건 좋아하고 순위하는 귀찮아하는데 인백 찌고, 인백 알아나고,
산시세기 꼬밥꼬밥 먼져맛 MSG 없이 살아보니 피부는 물론이고 컨슐력이나 저력도
이전바 훨씬 좋아졌다. 저번게 운동회 버빈 권을 따는 애겼애일 조금씩 늘가가 내
체력도 느낀건 것같다.
Mental power: 어제는 어떤 시련이 와도 두렵지가 않다. 이전게는 이 일이 일어나면 지각이 일같까
걱정하고 근심했는데 이제는 시렵에게 오늘게 온는 문제가 나오도 어서는 독단에서 내게
안빼나신 터리러 권을 믿고 위나서게 안고 즉 개나가나서 다면아가게되었다. 또한
이제는 일이 생겨도 힘즈르라 선쌤들이 게서서 두렵지 안다.
Leadership power: 1년간 심리를 다면서, 선생님들과 신기 대빠듬을 보면서 성경이란 무엇인가, 사랑이란
무엇인가를 배우게 되었다. 이전기는 리더란 관리하고 명령하는 사람이고는데, 지구는
손 납고 이골여겨 다독여며 때로는 아끼는 문겼고 때로는 설득도 자여 라정을 먹추기
나가는 사람이라는 것을 깨닫다.

Social Network Service?

School Network Service!

네트워크 파워
Network Power

학교를 넘어,
우리는 가족

우리는 모두 문화의 틀에서 살아간다. 때문에 한국 교육을 바꾸려면 교육 제도만 바꾸어서는 안 된다. 우리의 사고를 지배하는 문화를 바꾸어야 하는데, 그것은 그리 쉽지 않다.

우리는 초기부터 학교 문화를 새롭게 만들려고 했다. 비속어 대신에 친절한 언어로, 경쟁보다는 협력하며 공부하도록, 주입식보다는 토론식 수업으로, 권위주의보다는 가족관계로, 상하관계보다는 멘토와 멘티의 관계로, 나 혼자만 잘되기 위해 공부하기보다는 나를 통해 수천 명이 잘되는 복의 근원이 되도록. 그중에서도 학생들 간의 관계는 행복한 학교생활의 가장 중요한 요소이기 때문에 더욱더 큰 노력을 기울였다. 그러한 노력 끝에 감사하게도 만방학교에는 다음과 같은 독특한 문화가 만들어졌다.

- NO 선후배 문화
- Cell phone-free 학교
- 학생들과 가까운 교장실
- 모든 선생님이 전교생의 이름을 아는 학교
- 학년, 반과는 별도로 다른 반 학생들 혹은 선후배를 섞어놓은 목장
- 공동체 훈련을 할 수 있는 생활관

선후배를 없애라

"존댓말 안 해도 돼."

"선배한테 존댓말을 안 해도 된다고요?"

"응. 이제부터 한국에서 하던 습관을 버려. 우리 학교에서는 그냥 형이라고 부르면 돼. 알았지?"

"진짜예요, 선배님? 아니, 형!"

한국은 교내에서 교사와 학생 간의 권위주의보다 선후배 간의 권위주의가 더 심각하다. 우스갯소리인지 진담인지는 모르겠지만 청소년들의 선후배 문화가 군대보다 더 무섭다고 한다. 선배한테 얻어맞고, 언어폭력을 당해도 아

무 말도 못한다. 행여나 기숙사 생활을 하게 되면 선배들의 권위와 억압에 숨도 못 쉴 정도가 된다. 때로는 어른들 몰래 술과 담배를 사오는 시중도 들어야 한다니, 학교생활이 행복할 수가 없다. 우리 학교는 이런 서열 문화를 처음부터 없애기로 했다. 이렇게 말이다.

- 선배, 후배라는 호칭이 없다.
- 가족관계처럼 언니, 오빠, 누나, 형, 동생만 있을 뿐이다.
- 대부분의 가정에서 형제끼리 존댓말 하지 않듯이 상급생에게 존댓말을 사용하지 않는다.
- 나이가 어리다는 이유로 욕하거나, 때리거나, 심부름을 시키지 않는다.
- 언니, 오빠, 형들이 먼저 아우들에게 본을 보인다.
- 멘토, 멘티의 관계를 맺는다.

신입생들은 이런 우리만의 독특한 문화에 충격을 받는다. 선배가 먼저 다가와 학교 곳곳을 안내해주고, 본이 되어 후배들을 섬겨주니 몸 둘 바를 몰라 한다. 우리는 학교를 가정의 연장선으로 만들었다. 학교 내에서 권위주의 문화를 완전히 몰아낸 것이다.

"More Than a School, We Are a Family!"

하창이가 경험한 'No 선후배' 문화

하창이는 북경에서 2년 정도 유학하다가 우리 학교로 전학 온 학생인데, 한국이나 북경에서 겪었던 것과는 180도 다른 'No 선후배' 문화를 경험하고는 파라다이스 행성에 온 기분이 들 만큼 행복했다고 한다.

"안녕하세요. 티벳 목장 송하창입니다. 저는 만방학교에 오기 전, 북경에서 2년 동안 학교를 다녔습니다. 북경에 있는 학교는 형들이 거의 학교에 나오지 않았고, 선생님들은 우리를 신경도 쓰지 않으셨습니다. 그리고 매일 기숙사에 들어가면 형들은 제일 어린 제게 힘든 심부름을 많이 시켰습니다. 그나마 제일 쉬운 것은 매일 라면을 5개씩 끓여서 형들에게 가져다주는 것이었는데, 형들이 다 먹을 때까지 기다렸다가 설거지도 해야 했습니다. 무엇보다 주말이 오는 것이 가장 싫었습니다. 토요일 아침에는 학교에서 밥이 나오지 않았기 때문에 더 빨리 일어나야 했기 때문입니다.

그런데 만방학교에 와보니 형들이 동생들을 먼저 생각하고, 심부름도 안시키고, 욕도 안 했습니다. 그리고 선생님들은 제 표정이 조금만 안 좋아도 무슨 일이 있는지 물어보시고, 상담해주셨습니다. 또 궁금한 것이 있어서 한가지를 물어보면 자상하게 더 많은 것을 알려주시려고 합니다. 동생들은 형들로부터 사랑받고, 좋은 선생님들이 계시는 만방학교가 다른 어떤 학교보다 좋고, 천국 같습니다.

저는 만방학교에 와서 이제 한 학기를 보내고 있습니다. 전에는 욕과 비속어를 사용하지 않으면 아예 말을 못할 정도였는데, 만방학교에 와서는 나쁜 말을 쓰면 눈치가 보여 자연스럽게 좋은 말을 하기 시작했습니다.

이렇게 많은 것이 변화했지만 도저히 넘을 수 없을 것 같은 벽도 있었습니다. 바로 친구관계였습니다. 함께 온 신입생들과 쉽게 친해지지 못해 싸우기까지 하고, 결국에는 말도 하지 않게 되었습니다. 시간이 지나면서 이렇게 지내서는 안 되겠다는 생각에 눈물로 기도하며, 형들과 선생님들이 지도해주시는 대로 노력했습니다. 그 결과 지금은 친구관계의 벽을 넘어 친한 친구도 생겼고, 친구들과 말도 많이 하고 보기만 해도 친근한 친구들이 많아졌습니다. 좋은 친구들을 볼 때마다 관계 형성을 하는 데 도움을 주셨던 형들과 선생님들께 감사한 마음이 듭니다. 저도 만방학교 형들처럼 멋지게 자라서 동생들에게 좋은 조언을 해주고, 사랑을 듬뿍 주는 듬직한 형이 되고 싶습니다."

자녀나 학생, 또는 스스로에게 이렇게 질문해보자.

"학교생활이 행복하니?"

학생이 친구, 선후배 관계에서 행복하지 않다면 어떻게 학업에 재미를 느낄 수 있겠는가. 이 문제를 직시하고 바로잡는 것이 네트워크 파워의 시작이다.

No 선후배 문화를 통해 학교는 또 하나의 가족으로 한 단계 업그레이드된다.

SNS=스쿨 네트워크 서비스(School Network Service)

스마트폰이 등장하면서 SNS(Social Network Service)가 인기다. 얼굴과 얼굴을 맞대며 마음을 주고받는 대화는 사라지고, 어딘가에 연결되고 싶어 하는 욕구는 강해져 SNS 업체들만 연일 호황을 누리고 있다. 덕분에 기업들은 엄청난 돈을 벌고, 학생들은 막대한 시간을 SNS에 소비하고 있다.

그러나 학생들에게 필요한 것은 소셜 네트워크가 아니라 스쿨 네트워크다. 학교는 학생들에게 'School Network Service'를 제공할 수 있어야 한다. 하루 중 가장 많은 시간을 보내는 학교에서 어울리는 사람들과 소통하지 못하

세븐파워교육

고 관계 맺지 못하면서, 사회에서 어떤 네트워크 파워를 발휘한단 말인가. 얼굴과 얼굴, 마음과 마음을 주고받는 네트워크 파워를 키워야 한다.

네트워크 파워를 키워주기 위해 우리는 학교 내에서 스마트폰 소지를 금지했다. 이런 이야기를 들으면 거의 모든 학생들이 얼굴을 찌푸리며 '헐~' 하고 반응한다. 부모들의 반응은 어땠을까? 얼굴에 미소가 가득해진다. 일주일만 지나보라. 효과가 확연하게 나타나기 시작한다. 아이들이 스마트폰이 없으면 안 된다고 생각하는 이유는 간단하다. 다른 아이들이 다 가지고 있으니까. 소위 'peer pressure(또래 압력)'라는 것 때문에 자기 혼자만 휴대전화가 없는 것을 두려워하는 것이다.

우리는 역발상으로 이 문제를 해결했다. 모두 다 없으면 없는 것이 당연해지지 않겠는가. 오히려 가지고 있는 친구가 규칙을 어긴 반칙자가 되어 치사하고 비열한 사람이 된다. 자, 휴대폰 없이는 못 살 것 같이 한숨을 쉬던 아이들이 어떻게 변화했는지 보라.

"핸드폰 없이 어떻게 살 수 있을까 의문이었는데, 이제는 더 편해요."

"처음에는 손가락을 어찌해야 할지 몰랐어요. 이제 손가락은 펜을 더 좋아해요."

"한동안 핸드폰 진동 소리가 환청처럼 들리는 것 같았어요. 지금은 그 소리가 사라졌지만요."

"핸드폰을 사용하지 않으니까 친구들과 더 친해졌어요. 쉬는 시간마다 친구와 대화하는 게 즐거워요."

"스마트폰이 없으니 시간이 많이 남아서 그 시간에 책을 읽게 됐어요. 지식이 풍부해지는 것이 느껴져요."

우리 학교의 이런 방침을 소개할 때면 어떤 사람은 그것이 기숙학교이기 때문에 가능한 것이 아니냐는 물음을 던지기도 한다. 학교에서 아무리 이런 방침을 세운다 해도 학교 밖을 나서면 또 다시 스마트폰에 코를 박게 될 거라는 것이다. 물론 그 말이 틀린 것은 아니다. 그러나 학교에서만이라도 스마트폰으로부터 자유로운 환경을 만들어준다면 그 효과는 충분하다. 기숙학교가 아닌 경우 등교 시, 또는 가정에서라도 일정 시간을 정해 스마트폰을 걷어보자. 처음에는 반발도 심하고 불편함을 호소하겠지만, 시간이 갈수록 긍정적인 효과를 얻을 수 있을 것이다.

만방에는 우유 카페가 있다?

학생들에게 교사란 어떤 존재일까? 가까이하기엔 너무 멀게 느껴지는 사람? 교사가 단순히 학생들을 가르치고 학업에 대한 상담만 한다면 얼마나 삭막하겠는가. 그래서 우리가 만든 아이디어가 바로 '밀크 타임'이다. 처음에는 '학생들과 가까이하는 교장이 되자'라는 아이디어에서 교장실을 우유 카페로 시작한 것이 발전되어, 지금은 만방의 모든 선생님들이 학생들과 '밀크 타임'을 가지며 화기애애한 시간을 보내고 친밀한 관계를 맺고 있다.

우리는 쉬는 시간 10분 정도의 이 시간을 매우 유용하게 사용한다. 우유와

간식을 먹는 동안에 선생님들은 아이들과 함께 대화를 이어나간다. 대화의 주제는 그때그때 아이들의 상황에 따라 달라진다. 우유를 마시는 것은 배고픔을 채우는 일이기도 하지만, 선생님들과 교제하는 매개체다. 자녀와 대화 없는 가정에 문제가 많듯이, 학교도 마찬가지 아니겠는가. 대화가 많은 학교는 행복한 가정과도 같다.

교사들이 돌아가며 하는 일일 사감, 아니 일일 부모

"오늘도 학생을 위해 죽을 각오로 살아가자"

만방의 교사 선언문이다. '죽을 각오로 가르치자'가 아니라 '죽을 각오로 살아가자'인 점에 대해 의문이 일지 않는가? 학교 교육의 핵심은 교사다. 교사는 그저 교실에서 강의만 하는 사람이 아니다. 학생들에게, 부모들에게 리더십을 발휘해야 한다. 그런데 그 리더십은 헌신으로부터 나온다. 교사들부터 자신의 삶을 보여주는 가르침이 필요할 때다. 학생들의 음주와 흡연을 단속하면서 부모나 교사가 애주가나 애연가라면 그 말에 무슨 권위가 서겠는가. 교권이 무너졌다고 한숨이나 푹푹 쉴 시간에 학생 한 명에게라도 더 가까이 다가가려는 노력을 기울여야 한다.

우리는 교사들이 매일 돌아가며 '일일 사감'을 한다. 학생들에게 보다 깊이 다가가기 위해 만든 제도다. 다음은 김주현 선생이 사감을 하며 체험했던 이야기다.

"만방학교 교직원의 중요한 업무 중 하나는 바로 사감의 역할이다. 학교 교실에서 만나는 학생들과 생활관에서 만나는 학생들의 모습은 확연히 다르다. 학생들은 생활관이 곧 제2의 집이기 때문에 좀 더 자유롭고 편하게 느낀다. 평소에 알고 지내던 학생들의 모습과는 다른 모습을 볼 수 있어 또 다른 재미도 있고, 친밀한 관계 형성에도 한몫을 한다. 또한 학생들의 생활 전반을 면밀히 볼 수 있는 기회가 되기도 한다.

부임 후, 첫 학기 사감을 할 때가 가장 기억에 남는다. 어김없이 순찰을 하던 중 어떤 한 방에 불이 환하게 켜져 있는 것을 보았다. 방에 들어가 보니, 방바닥에는 누군가가 구토를 해놓았고 그 더러운 바닥을 방장인 학생이 담담한 표정으로 묵묵히 걸레질을 하고 있었다. 방장 학생에게 상황을 물어보았다.

"무슨 일이니?"

"점호 이후 취침 시간이 되어 잠을 자고 있는데 2층 침대에 있는 동생이 갑자기 구토를 했어요. 저는 1층에서 자고 있었는데, 순식간에 일어난 일이라…."

내가 치우는 것을 도우려고 했지만 방장은 이왕 자신이 시작했으니 본인이 마무리까지 하겠다고 했다. 나는 일단 아픈 학생에게 약을 주고 몸을 따뜻하게 해주었다. 그러나 그 학생은 곧 다시 구토하기 시작했다. 큰일 나겠다 싶어, 학생을 사감실로 데려와 사감실 침대에 눕혔다. 내가 할 수 있는 최선은 학생의 옆에서 기도하는 것뿐이었다. 그 학생은 자는 중간에도 뒤척였지만 다행히 잘 잤다.

얼른 밤이 지나고 아침이 오길 기다렸다. 아침에 서둘러 의무 담당 선생님께 보냈는데, 심한 배탈이 원인이었다. 이후 그 학생과 같은 목장이 되면서 더 친밀한 관계를 맺을 수 있었다. 그날의 사건 때문인지 학생도 나를 더 좋아해주고 믿어주는 것 같아 기쁘다.

사감을 할 때는 집처럼 편안하게 쉴 수가 없다. 아픈 학생들은 없는지, 수리할 곳은 없는지, 학생들의 자습 태도는 어떠한지, 방에서의 아이들 관계는 어떠한지 등등 자세히 살펴볼 구석이 한두 군데가 아니기 때문이다. 또 생활관에 머무는 내내 한밤중에 누가 아프지는 않은지, 출입문을 열고 닫는 시간이 정확한지, 아침 체조에 안 나가는 학생은 없는지 신경 쓰고 지켜보다 보면 어느새 사감이 끝난 이후 녹초가 되어버릴 때가 많다.

하지만 기숙사에서의 사감 제도는 선생으로서 학생들과 소통하는 중요한 장소이고, 사랑하는 법을 알게 되는 시간이 된다. 어떨 때는 부모님의 심정도 알게 되는 시간이 되기도 한다. 무엇보다 제일 중요한 것은 학생들의 이모저모를 잘 알기 때문에 학생들을 위해 기도하는 마음을 갖게 된다는 것이다. 사감을 통해서 배우는 것이 참 많다. 학생들도 평소 선생님의 모습보다 사감 선생님으로 만날 때 더 편안함을 느끼는 것 같다."

김주현 선생님과 같이 자신을 희생하는 교사들로부터 만방학교의 기적은 시작되었다. 만방국제학교에 진학한 아이들은 성적이 향상되어 명문대학에 진학하는 것은 물론, 성품이나 태도까지 변한다. 무엇이 이런 기적을 만들었을까? 그 비결의 출발은 바로 '교사'다. 헌신하고 실력 있는 교사들 말이다. 파워는 가르침으로 만들어지는 것이 아니라, 사랑에서 나온다. 사랑이 파워의 에너지원이라는 교육 철학은 시작부터 지금까지 변함이 없다.

만방에는 24/360이라는 4차원 MRI가 있다

아이들이 가지고 있는 상처 외에도 자세와 언어습관, 식습관, 친구관계 등을 스캔할 필요가 있다. 학생들이 자신의 상처에 대해 잘 알고 상담을 요청하는 경우도 있는 반면, 학생 스스로도 자신이 어떤 상처에 시달리고 있는지 모르는 경우가 많기 때문이다. 교사는 학생들의 라이프 스캐너가 되어야 한다. 학생과 가장 많은 시간을 공유하는 것은 가정보다는 오히려 교사다.

24/360

24/360이란 24시간 360도라는 의미다. 병원에서 우리의 질병을 진단하기 위해 MRI라는 스캐너를 사용하는데, 이것은 우리 몸의 360도를 모두 점검한다. 그러나 일주일 전이나 한 달 전의 질병까지 진단할 수는 없다. 인간은 과거의 삶이 매우 중요하다. 어릴 때 가정에서 어떻게 자랐는지, 하루하루 어떤 감정을 갖는지, 친구관계는 어떻게 변하고 있는지, 학습 태도는 어떠한지 등등의 데이터가 축적되어야만 그 학생을 잘 도와줄 수 있기 때문이다. 그래서 일일 사감을 통하여 밤에도 학생들을 돌보며 시간을 함께하는 것이다. 한 사람을 제대로 교육하려면 한 마을이 필요하다는 말을 종종 들을 것이다. 바로 그것이다.

24/360 케어링 시스템으로 변화된 한 학생의 편지를 읽어보자.

"요즘 생활하는 게 얼마나 감사한지 모릅니다. 이전에 살던 때보다 훨씬 즐겁고 좋습니다. 만방에 오기 전에는 항상 잘못된 태도로 살았었는데, 이곳에서 점점 나아지고 있는 저를 보면서 너무나 감사합니다. 항상 남을 질투하고 시기하고 증오하며 살았고, 경쟁하며 살았습니다. 더럽고 치사한 방법까지 쓰면서 이기려고까지 했습니다. 남의 말을 믿지 않았고 항상 의심했습니다. 왜냐하면 공부, 성적, 순위 때문이지요.

하지만 만방에서는 경쟁이 아니라 서로 축복을 해줄 수 있다는 것에 감사합니다. 서로 '성적을 떨어뜨리려고'가 아니라 서로 '올려주려고, 도와주려고' 합니다. 우리 학교는 학교 이상의 가족 공동체입니다."

_ 만방학교 학생 영민이의 편지 中에서

02

양떼들의
목자같이

그렇다면 학교는 어떻게 스쿨 네트워크 서비스를 제공할 수 있을까? 어떻게 하면 학생들이 학교 안에서 네트워크 파워를 기를 수 있을까? 우리는 학생과 교사의 관계를 다음과 같이 재설정하기로 했다.

- 모든 교사는 신입생들이 들어오기 전에 그들의 이름을 모조리 외운다. (자기가 맡은 반뿐 아니라 전체 신입생까지)
- 신상명세서를 통해 이름뿐만 아니라 그들의 특이사항을 미리 외워둔다.
- 선생님들끼리 모여서 신입생 한 명 한 명의 사진, 이름, 특성을 설명하

는 시간을 갖는다.

- '야, 어이, 학생' 등 비인격적이거나 거리가 느껴지는 호칭은 절대 쓰지 않는다.
- 먼저 다가가 이름을 부르고 인사한다.

처음 만나는 선생님이 친근하게 자신의 이름을 불러준다고 생각해보라. 마음이 열리고, 선생님을 다시 보게 된다. 친근감을 느끼기 시작한다. 학생이 선생님을 좋아하지 않으면 공부도 되지 않는 법이다. 그렇기 때문에 무엇보다 가까운 관계를 유지해야 하는 것이 바로 교사와 학생이다. 그리고 그것을 위해서는 교사가 먼저 다가가야 한다.

시험 치는 선생님

내 대학 제자인 김정수 박사는 미국 켄터키에서 박사학위를 받고, 바로 우리 학교에 몸을 담았다. 교무교장으로 일하는 그는 신입생이 들어오기에 앞서 교사들을 불러놓고 신입생 신상 파악 시험을 실시한다. 중국의 어느 신문사에서 이런 방식에 깊은 관심을 갖고 취재를 해간 적이 있는데, 당시 인터뷰 내용을 소개할까 한다.

"만방학교는 선생님들이 학생들과의 관계가 매우 깊고 가족 같다고 들었습니다."

"네. 입학원서를 작성할 때, 부모님과 신입생들은 학생의 장단점, 공부 내용, 비전, 목표, 건강, 취미, 가정환경 등 다양한 방면의 정보를 원서에 적어야 합니다. 선생님들은 원서에 적힌 내용들을 꼼꼼히 파악하고 분석합니다."

"학생들의 수가 한두 명도 아닌데 그 많은 아이들을 외운다는 것이 쉽지 않을 텐데요. 그 비결이 있나요?"

"학생들의 사진과 이름을 미리 프린트해서 책상 앞에 붙여놓습니다. 그리고 날마다 학생들의 사진과 이름을 보며 외우지요. 아이들의 특성을 파악하면 금방 외워집니다."

"교육의 시작은 학생의 이름을 외우는 것에서 시작하는 것 같군요."

"맞습니다. 학생 한 명 한 명에게 관심을 갖자는 취지에서 시작했습니다. 사진과 이름을 보며 입학원서에 작성된 것을 기초로 학생의 문제는 무엇이며 어떻게 교육해야 할지 방향성을 잡는 회의를 진행합니다."

"회의까지 한다고요?"

"그럼요. 처음에 노력을 기울이면 그다음은 훨씬 쉬워집니다."

신입생이 들어올 때가 되면 신입생 맞이를 위한 최종 점검에 들어간다. 아이들이 도착하기 며칠 전, 교사들은 대입 시험보다도 어려운 학생 분석 시험을 치르게 된다. 이 학생은 어떻게 왔는지, 몇 년생인지, 장래 희망은 무엇인지, 좋아하는 음식과 싫어하는 음식은 무엇인지, 알레르기는 없는지, 친구관계는 원만한지, 가정환경은 어떠한지 등등의 다양한 형태의 문제가 출제된다. 문제들을 풀다보면 학생들의 상황을 전부 분석하게 된다. 그리고 드디어 만난 신입생들의 이름을 다정하게 불러주면, 그들의 눈이 휘둥그레진다.

"어떻게 제 이름을 아세요?"

그럴 때면 센스 있게 "너희 엄마, 아빠 이름도 알아"하며 웃어준다.

'교육은 감동'이라고 했다. 아이들은 마음이 열려야 귀가 열리는 법이다. 귀찮고 성가시다는 생각이 든다고? 그러나 노력 대비 효과 만점이다. 각종 스트레스에 시달리는 학생들을 생각해보라. 교사의 귀찮음보다 아이들의 행복한 학습 환경이 먼저다.

목장을 만들다

초원이 있고, 목장이 있고, 목자가 있고, 양들이 있는 풍경을 상상해보자. 성경에 이런 말이 있다.

선한 목자는 양들을 위하여 자기 목숨을 버린다. – 요한복음 10장 11절

The good shepherd lays down his life for the sheep.

학교를 초원으로 표현한다면, 목자는 누구인가? 바로 교사다. 양들은? 물론 학생들이다. 만방학교에는 학년, 반과는 별도로 다른 반 학생들 혹은 선후배를 섞어놓은 목장이 있다. 학급 혹은 반의 대표 선생님을 '담임'이라고 하고, 목장의 대표 선생님을 '목자'라고 부른다. 학급은 주로 학습과 관련하여

학생들을 지도하지만, 목장은 학생들의 마음을 터치하는 데 집중한다. 목장 운영 교회의 셀 그룹 모임과 비슷하다고 생각하면 이해가 빠를 것이다.

- 매주 목장 모임을 갖는다.
- 때로는 목자가 학생들을 집에 초청한다.
- 때로는 목자의 집에서 저녁식사를 같이 한다.
- 때로는 목자의 집에서 학생들과 함께 파자마 나이트를 한다.

목장은 12명 정도의 학생들로 소그룹을 만들어 일주일에 한 번씩 목장 모임을 갖고, 필요에 따라 함께 외식을 하기도 한다. 목원들이 가장 좋아하는 시간도 있는데, 바로 목자 선생님 집에서의 외박이다. 그날은 목자 선생님이 온갖 맛있는 음식을 장만하여 자기 목원들을 먹인다. 그리고 함께 설거지도 하고, 게임도 한다. 그야말로 '파자마 나이트'를 즐기는 것이다. 목자와 양들이 도란도란 이야기꽃을 피우다 밤이 새는 줄 모르곤 한다.

아이들은 자신이 사랑받고 있다는 것을 느낀다면 엄한 꾸중을 듣더라도 상처받지 않는다. 때문에 요즘 심심찮게 야기되고 있는 막장 학생, 막장 부모가 나올 수 없다. 물론 막장 교사는 상상할 수도 없다.

파자마 나이트

다음은 만방에서 처음 파자마 나이트를 경험한 뒤 선영이가 쓴 감상문이다.

"만방의 크고 작은 많은 일정들, 행사들 중에 제가 제일 손꼽아 기다리는 날이 있습니다. 저뿐만 아니라 모든 만방의 학생들이 학수고대하는 그날은 바로, 목장 식구들과 함께 하는 파자마 나이트입니다. 만방에는 학생들을 소그룹으로 나눠놓은 '목장'이라는 제도가 있는데, 각 목장에는 1~2명의 목자 선생님이 계십니다. 파자마 나이트란 전 목장 식구들이 목자 선생님 댁에 가서 서로 추억도 만들고 대화도 많이 나누며 더욱 가까워질 수 있는 아주 유익한 시간입니다.

"맛있는 음식을 먹어서 너무 좋아."

"감수성이 풍부해지는 밤에 서로 대화를 나누다 보면 평소에 친하지 않았던 친구와도 가까워지게 돼."

"이것저것 서로 나눠 먹고 같이 게임도 하다 보면 더욱더 서로를 배려하게 돼."

재학생들의 파자마 나이트 경험담은 신입생으로서 처음 목장 외박을 하는 저의 기대를 더욱 부풀려 주었습니다. 그렇게 나름 계획도 세워가며 목 빠지게 기다렸던 목장 외박 날이 되었을 때 전 몹시 설레는 마음으로 다른 누구보다 가장 먼저 학교 정문에 나와서 기다렸고, 저희 목장은 요리 팀과 장보기 팀으로 나눠서 길을 나섰습니다. 요리는 좋아하지만 해본 경험이 없던 저는 섣불리 프라이팬을 잡았다가 목원들의 소중한 저녁식사를 망칠 수 없었기에, 장보기 팀으로 합류했습니다.

　장을 다 보고 목자 선생님 집에 도착하니 너무 고맙게도 요리 팀이 맛있는 까르보나라와 김치볶음밥을 만들고 있었습니다. 그래서 나머지 사람들은 요리가 완성되는 동안 청소도 하고 테이블 위에 쟁반과 수저를 놓으며 기다렸고, 마침내 저희끼리 만들어서 더욱 보람 있고 맛있고 감사했던 음식들이 나왔습니다. 우리는 순식간에 그릇을 다 비웠답니다. 하하! 그렇게 배불리 먹고 난 후, 저희는 목자 선생님이 준비해주신 별 스티커를 받아 동그랗게 모여 앉았습니다. 그런데 서로에게 축복의 말을 해주고 기념 촬영을 하려고 하는데 갑자기 정전이 되고 말았습니다. 그러나 당황하는 것도 잠시, 우리는 곧 촛불의 희미한 빛에 의지하여 축복의 말을 주고받기 시작했습니다. 이 시간을 통해 나 자신이 얼마나 소중한지, 그리고 우리 각 사람이 얼마나 귀하며 각자에게 받은 재능과 마음이 얼마나 아름다운지를 깨달을 수 있었습니다.

　다 마치고 나니 거짓말처럼 전등에 불이 다시 들어왔고, 저희는 서로의 얼굴을 보고 웃으며 한 사람당 두 장씩 그 시간의 추억을 사진으로 남겼습니다. 그렇게 즐거운 밤이 깊어가고, 이번에는 목자 선생님께서 흰 종이를 하나씩 나눠주시면서 종이 위에 작게 이름을 쓰라고 하셨습니다. 그러고는 종이를 돌려가며 이름의 주인공을 그려주는 활동을 했습니다. 그림을 그리면서 목원들의 이미지와 특징에 대해 깊이 생각해보게 되었고 다른 사람이 보는 나의 모습과 이미지도 알게 되었습니다. 뭔가를 먹고 있는 내 모습을 그린 사람이 많아서 더 쉽게 알 수 있었지요. 하하! 그 후 별 것 아니었던 그 종이는 세상

세븐파워교육

에 하나뿐인(다른 사람들이 그려준 내 모습을 담은) 소중한 스티커가 되었답니다.

　그렇게 재미있는 활동을 하다 보니 눈 깜짝할 새에 잘 시간이 되어 있었지만 잠은 이미 모두 달아난 뒤였습니다. 우리는 모두 잠옷으로 갈아입고 마지막으로 선생님께서 준비해주신 편지지를 나눠 받았습니다. 당연히 저희는 다른 이에게 쓰는 편지라고 생각했는데, 선생님께서는 스스로에게 편지를 쓰라고 하셨습니다. 거실에 배를 깔고 누워 한참을 고민하기 시작했습니다. '대체 내가 나에게 무슨 말을 해야 하는 거지? 원래 이 편지지가 이렇게 쓸 공간이 많았나? 뭘 쓰지?'라는 생각들이 펜을 들기가 무섭게 머릿속을 헤집어 놨습니다. 그리고 여태까지 만방학교를 다니면서 있었던 일들에 대해 하나하나 되돌아보게 되었습니다. 그런데 돌이켜보니 정신없이 뛰어오느라 한 번도 제 자신을 되돌아 볼 시간이 없었다는 걸 알게 되었습니다. 지치고 힘들었을 수도 있었을 텐데 여태까지 잘 해낸 나 자신에게 고마웠고, 든든하게 항상 저를 위해 기도해주시고 관심 가져주셨던 목장 선생님, 방 식구들, 목장 식구들, 한국의 가족 등등 모두에게 감사한 마음이 들었습니다. 그래서 그 마음을 담아 나 자신에게 편지를 썼고, 그 마음을 간직한 채 목장 파자마 나이트를 마쳤습니다.

　그때 했던 활동들을 통해 깨닫고 느낀 것들이 지금의 저를 만들었다고 당당하게 말할 수 있습니다! 그때 느낀 각 사람마다의 개성과 특별함은 지금도, 앞으로도 제가 다른 사람을 이해하고 사랑할 때 많은 도움이 될 것입니다. 전 그래서 이번 학기에 있을 목장 외박도, 다음 학기, 제가 졸업할 때까지 있을 목장 외박도 기대하며 기도하고 있습니다!"

케냐 목장의 파자마 나이트

　목장 제도의 유익이 학생들에게만 있는 것은 아니다. 선생님 또한 학생들과의 개인적인 관계를 맺으면서 학생들을 향한 마음이 더욱 깊어진다.

　"'선생님, 우리 언제 목장 외박해요?' 새 학기가 시작되어 새로운 목장 학생들을 만나면 모두가 나를 향해 달려든다. 스파게티, 마늘빵, 티라미수, 갈비… 등등. 먹고 싶은 음식은 죄다 나열해놓는 학생들이 사랑스럽기만 하다. 학생들이 그 시간을 얼마나 기다리고 기대하는지 너무나 잘 알기 때문이다. 선생님 집에서 학생들과 함께 밥을 같이 먹고, 모두가 둘러앉아 잠옷을 입고 함께 영화를 보며 깔깔대면서 하룻밤을 함께 보내는 목장 외박은 선생님과 학생들이 한가족이 된 것을 더 실감나게 하는 특별한 날이다.
　열다섯 명 정도가 먹을 음식을 준비하기 위해 며칠에 걸쳐 장을 보고 행여나 부족하진 않을까 싶어 간식을 따로 준비해두는 일까지, 목장 학생들을 맞이하는 준비는 어마어마하다. 그렇게 정성스럽게 준비한 음식은 눈 깜짝할 사이에 사라지고 만다. 모두들 입 안 가득 음식을 담고는 집에서 먹었던 엄마의 맛이라며 행복해하는 모습을 보고 있노라면 준비하느라 수고한 마음은 어느새 눈 녹듯이 사라지고, 나도 함께 행복한 미소를 짓게 된다.

그러고는 모두가 둘러앉아 서로의 첫 인상을 나누거나, 친구들의 좋은 모습들을 칭찬하면서 바쁘게 돌아가는 학교생활에서 나눌 수 없었던 진솔한 이야기들을 나누게 된다. 이 훈훈한 순간이 먼 훗날 아이들이 학창 시절을 떠올리며 흐뭇한 미소를 짓게 할 것이라고 생각하니, '행복한 녀석들!' 하며 또 한 번 엄마 미소를 날리게 된다.

다음 날 아침 일찍 일어나 제대로 떠지지 않는 눈을 비비면서도 아침밥을 먹으러 식탁으로 모여드는 우리 아이들. "선생님, 더 있다 가면 안 돼요?"라며 다 큰 아이들이 응석을 부린다. "안 돼, 빨리 씻고 아침 집회에 가야지" 하며 아이들의 등을 떠밀지만 나 또한 마음 한편에 아쉬움이 남는다.

우리 아이들이 인생을 살면서 내 가족의 범위가 넓어지고 주변의 사람들과 가족 공동체를 이루어 그들을 섬기며 살아가는 아이들로 자라길 바란다."

돌봄과 섬김이 있는 곳, 목장

목장에는 이름이 따로 있다. 케냐, 미얀마, 운남, 카자흐스탄… 등등. 나라 이름으로 목장 이름을 지은 이유는 글로벌 비전을 자연스럽게 품도록 하기 위한 것이다. 목원들은 자기 목장의 이름으로 지정된 나라를 연구하도록 되어 있다. 목장은 학기마다 재편성되는데, 각 목장에는 두 명의 목자 선생님과 한 명의 부목자 학생이 있다. 몇 개의 목장이 모여서 초원을 이루고, 각 초원마다 초원지기 선생님이 있다. 초원지기는 목자들을 돌보고, 목자는 양들을 돌본다. 부목자는 주로 주변 사람들을 잘 보살피고 배려심이 많은 학생으로 세운다. 부목자는 명령하는 위치가 아니라 목장 식구들을 철저히 섬기는 위치이기 때문이다. 목장 모임은 다음과 같은 순서로 이루어진다.

우리는 학생들의 네트워크 파워를 키워주기 위해 다음과 같은 실천을 함으로써 가족 개념을 구체화시켰다.

10분	지난 주 생활 나눔
30분	주제 나눔
5분	마무리 후 교내 식당이나 외부 식당으로 이동
30~50분	함께 저녁식사를 하면서 친교를 나눔

목장 제도가 주는 장점은 참으로 많다. 무엇보다 학생들과 선생님과의 관계가 깊어진다. 사람은 인지 능력으로만 살아갈 수 없다. 모두가 외로움을 느끼며 사랑을 갈구하고 소통하고 싶어 한다. 넓은 인맥도 중요하지만 진정한 친구를 갖고 싶어 한다. 친구들에게 도움을 주고받고 싶어 하며, 선생님으로부터 상담받고 싶어 한다. 습관의 변화도 이루고 싶어 한다. 이 모든 것이 효과적으로 이루어질 수 있는 곳이 바로 목장이다. 학습의 부담을 느끼지 않으

면서 만날 수 있는 곳이지만, 결국 더 열심히 공부하고자 하는 비전을 이곳에서 발견한다. 인생의 목적과 공부의 목표가 분명해지는 것이다.

또한 목자 선생님은 매주 목원들 한 명 한 명에 대한 생활, 정서, 상담 내용 등을 꼼꼼히 기록한다. 그리고 그 모든 내용을 학교 컴퓨터 인트라넷에 올려놓아 다른 선생님들이 언제라도 필요하면 볼 수 있게 해놓았다. 그야말로 모든 선생님들이 학생들 한 명 한 명에게 깊은 관심을 기울일 수 있는 '거미줄 네트워크'가 이렇게 형성되는 것이다.

'제자는 보고 배운다'라는 말이 있지 않은가? 선생님과 생활을 같이하는 목장 제도는 무엇보다 선생님의 삶으로부터 학생들이 교훈을 얻을 수 있게 한다. 이러한 삶의 교육은 학생들을 변화시키는 가장 확실한 비결이다.

내게 목장이란?

윤재는 한국에서 국제학교를 다니다 우리 학교로 전학 온 학생이었다. 성격이 불같고 제어가 쉽지 않았던 녀석이었다. 그런 윤재가 스승의 날을 빌어서 편지를 보내왔다.

"윤재예요. 제가 만방학교에 입학한 지 어느덧 1년이 되었습니다. 저의 18년 인생, 아직 짧지만 1년 동안 평생을 두고 자랑할 선생님들과 살았고 지금도 살고 있습니다. 선생님들 한 분 한 분이 저희에게 너무나 소중한 선물이고 축복입니다. 선생님들께서 인내로 저희들을 가르치시고, 사랑으로 저희들을 키우시고, 꺼질 줄 모르는 헌신으로 저희들을 섬기실 때, 전 중국어보다 훨씬 더 값진 것을 배웠습니다. 지금껏 살면서 선생님이 친구, 때론 엄마 아빠가 될 수 있고, 외박할 땐 인심 좋은 민박집 아줌마, 아저씨가 될 수 있다는 것을 이곳에서 배웠습니다. 내가 생각하는 한국 선생님들과의 기억은 항상 혼나고, 맞고, 싸우고, 성적이 좋아질 때나 칭찬받고 인정받는 것이었습니다. 이처럼 당연하다고 여겼던 나의 생각을 나도 모르게 바꿔버릴 만큼 만방 선생님들은 저희에게 큰 도움을 주시고 사랑으로 대해주셨습니다. 잘못하거나 말썽부려서 혼날 때도 있지만 그때도 만방 선생님들은 언제나 저를 이해하려고 노력하시고 진심으로 가슴 아파하시는 것을 느낄 수 있었습니다. 선생님들, 정말 감사합니다. 저희를 위해 날마다 기도해주시고 생각해주셔서. 저희의 현재의 모습을 바라보고 가르치시는 게 아니라 저희의 비전과 미래를 기대하며 가르쳐주셔서 다시 한 번 진심으로 감사합니다.”

아이들은 전에는 경험하지 못했던 목장 제도를 아주 신선하게 생각한다. 목장에서 목자는 학생의 공부만 신경써주는 것이 아니라 그들의 생활, 정서, 부모님과의 관계 등등 인생 전반에 대해 도움을 주고 있다. 특히 모든 것이 낯선 환경에 있는 신입생들은 목장 모임을 통해 친구를 사귀고 학교생활의 활력을 찾는데, 시간이 지나면 목장의 목자들에게 엄마, 아빠라고 부를 정도로 가까워진다. 아이들에게 질문을 던져 보았다. “내게 목장이란?”

“지난 학기 신입생으로서 목장 제도 때문에 학교에 더 빨리 적응할 수 있었고, 선생님의 사랑을 많이 느낄 수 있었고, 말씀도 더 많이 배울 수 있었다. 사랑과 기쁨을 나눌 수 있는 목장 시스템은 꼭 필요한 제도다."

"하나되게 하고 한가족으로 서로 품을 수 있게 해준다. 또한 인격의 성장을 도모할 수 있다."

"서로 소통할 수 있게 하는 제도다."

"우리를 하나로 모아주고, 목장을 통해서 친구들과 선생님들과 삶을 나눌 수 있다."

"서로 살아가며 배워가며 때로는 싸우기도 하면서 서로 성장하는 건강한 가족이자 가정이다"

아이들의 답변에 '가족'이라는 단어가 많이 나왔다. 가족의 범위가 커진다는 것은 무엇을 뜻하는가? 그만큼 사랑하는 사람이 많아진다는 것이다. 이것이 네트워크 파워의 원천이다. 목장의 가족화로 인해 소위 왕따나 교내폭력이 자연스럽게 사라진다. 학교에는 반을 맡은 담임 선생님도 계시지만 그렇지 않은 선생님도 많다. 그런 분들이 목장을 맡아 활동한다면 인성과 지성 그리고 인간관계라는 세 마리의 토끼를 다 잡을 수 있지 않을까?

03

공부 그 이상의 공부, 인간관계 훈련

직장생활을 하면서 가장 힘든 것은 무엇일까? 천신만고 끝에 직장을 구했다고 해서 행복만이 가득할 것이라고 생각한다면 큰 오산이다. 취업과 동시에 어마무시한 괴물이 기다리고 있기 때문이다. 그것은 바로 '인간관계'다.

약 100만 명의 직장인 회원을 보유하고 있는 〈비즈니스온 커뮤니케이션〉은 2012년 12월, 1,333명을 대상으로 직장생활을 불행하게 하는 원인에 대해 조사했다. 그 결과, '직장 내 어려운 인간관계'가 47%로 가장 높은 비율을 차지했다. 한편, 이와 반대로 직장생활을 행복하게 만드는 요인에 대해서도 물어봤더니 '직장 내 좋은 인간관계를 유지하는 것'이라고 답한 직장인이 41%로 가장 많았다. 그 밖에도 '자신의 능력을 인정받는 것'이라는 답변이 29%, '급여'가 20%, '적합한 업무 제시'가 8%로 각각 집계됐다. 이처럼 직장인들은 직장 내에서의 능력이나 급여보다 인간관계가 행복에 가장 큰 영향을 준다고 여기고 있다.

그렇다면 우리나라 청소년들의 가장 큰 고민은 무엇일까? 〈여성가족부〉가 조사한 바에 따르면 아래와 같이 '대인관계'가 가장 많았고, 그다음이 '학업과 진로', '일탈과 비행', '성격' 순으로 나타났다.

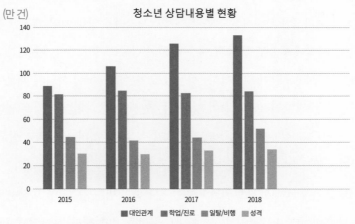

출처 : 여성가족부 「청소년백서 및 한국청소년상담복지개발원 상담통계」

이런 실정인데도 학교에서는 인간관계를 위한 노력과 시스템 개발은 아예 생각도 하지 못한다. 부모 역시 자녀의 스펙에만 열을 올리고 있다. 교육 현장에서 놓치고 있는 부분이다.

'인간관계 맺기'란 무슨 뜻인가? 세계적 베스트셀러 작가이자 《뉴욕 타임스》, 《월스트리트 저널》 등에서 선정한 최고의 작가 존 맥스웰의 책 『인간관계 맺는 기술』을 인용해보자.

"관계 맺기란 결코 나에 관한 것이 아니다. 내가 소통하는 사람에 관한 것이다. 마찬가지로 당신이 관계를 맺으려고 할 때 그것은 당신에 관한 것이 아니라 상대방에 관한 것이다. 관계 맺기를 원한다면 먼저 자기 자신을 극복해야 한다. 안에서 밖으로, 당신에서 다른 사람들로 초점을 바꿔야 한다."

바로 이것이다. 초점 바꾸기! 청소년들이 관계 맺는 데 날로 미숙해져 간다. 바로 이기심만 북돋아온 결과로 자기만 생각하는 강한 자아 때문이다. 옆에 있는 사람에게 눈길을 돌릴 여유가 없이 분주하기만 하다. 더 늦기 전에 초점을 바꾸는 훈련이 필요하다. 성공의 요인은 학벌만이 아니기 때문이다. 인간관계 능력이 뛰어난 사람이 성공하는 인생을 살고 리더가 되는 법이다. 당신의 자녀를 성공하는 인생으로 만들고 싶은가? 리더로 기르고 싶은가? 그렇다면 부모들이여, 학교들이여, 학생들이여, 인간관계 훈련을 하라.

학교 또는 가정에서 네트워크 파워를 길러줄 방법은 없을까? 그 답은 역시 공동체 훈련이다. 1~2주일간 5명 이내가 한방을 쓰게 해서, 복닥거리며 살아보게 하는 것이다. 레크리에이션이나 강의 위주는 큰 의미가 없다. 오히려 방끼리의 활동들을 만들고 발표하게 하는 교육 프로그램을 개발할 필요가 있다. 이것보다 더 좋은 방법은 학교에서 함께 생활하는 것이다. 서로 부대끼는 시간을 만들어야 한다.

생활관, 관계 훈련의 Best Place

중국에서는 사립학교보다는 공립학교가 주를 이룬다. 사립학교는 90년대 말부터 생기기 시작했다. 사립학교란 말 그대로 자체적으로 재정을 조달해야 하기 때문에 정부로부터 아무런 지원을 받을 수 없지만, 그에 따라 간섭도 크지 않다. 자율적으로 운영하도록 최대한 지원한다. 덕분에 우리 학교는 창의적인 교육 프로그램을 개발할 수 있게 되었다. 중국에서는 학교마다 반드시 기숙사를 두어야 하는데, 우리는 이 기숙사를 훈련의 장으로 사용하기로 했다. 기숙사는 바로 공동체 네트워크 파워를 기르는 곳이다.

기숙사를 생각하면 보통 한방에 한 명 내지는 두 명이 지내는 것을 생각할지 모르겠다. 하지만 그것으로는 충분한 훈련이 되지 않는다. 그래서 우리는 몇 가지 원칙을 만들었다.

- 개인주의를 권장하는 1, 2인실은 두지 않는다.
- 한방에 4~6명이 공동생활을 한다.
- 구성원은 신입생, 저학년, 고학년, 방장으로 구성하여 신입생의 빠른 적응을 도와준다.
- 각 방원은 자기만의 화초를 키워 자연과의 친화력을 키운다.
- 매년 오픈 하우스[2]를 실시하되 방별로 테마를 정하여 창의력과 협동심

---

2) 오픈 하우스(open house) : 학교, 기숙사 같은 기관에서 그 기관에 소속된 사람들이 내부의 환경을 멋지게 꾸며 외부 사람들을 초대하는 일

을 키운다.

- 방장은 시키는 위치가 아니라 동생들을 섬기는 위치에 있는 자다.

- 각 층마다 층장, 부층장을 두어 책임감과 서번트 리더십을 기른다.

- 사감은 모든 선생님들이 하루씩 돌아가며 하고, 학생들의 삶 속으로 들어간다.

오픈 하우스 활동을 할 때 배정된 방별로 게임하는 모습. 생활관 생활을 통해 네트워크 파워가 길러진다.

세븐파워교육

"저는 여학생 생활관을 관리하며 매일 아침저녁으로 방을 확인하는 일을 맡았었는데, 항상 학생들의 일을 요약해주고 모두가 기숙사에 있는지를 확인했었습니다. 그래서 모두가 잠든 것을 확인한 후에야 잠을 잘 수 있었습니다. 또한 새벽 6시 10분마다 하는 운동에도 모든 여학생들이 참석하는지를 확인하는 일을 맡았었는데, 제게는 오히려 다른 학생들을 더 잘 알게 되는 매우 소중한 시간이었습니다.

저는 많은 사랑과 관심이 필요한 세 명의 7학년 자매들과 같은 방을 쓰고 있었습니다. 이들의 부모님은 돌아가셨거나 돈을 벌기 위해 오랫동안 외국에 나가 계셨습니다. 그래서인지 이 자매들은 항상 부정적인 생각들로 가득 차 있었습니다. 저는 그들이 긍정적인 생각을 할 수 있도록 도왔고, 삶이 얼마나 아름다운지 알려주었습니다. 이제 저희는 서로를 이해해주는 가족이 되었습니다.

어느 날, 저는 다른 학생들이 저에 대해서 험담하는 것을 우연히 듣게 되었습니다. 너무 힘들어서 방과 후 생활관에 들어와 정말 많이 울었습니다. 처음으로 제가 다른 사람들에게 제 약함을 보인 일이었습니다. 그러나 이 일이 저를 움직이게 했습니다. 저와 같은 방을 쓰던 7학년 자매들이 손수건으로 제 눈물을 닦아주었을 때, 저를 사로잡는 큰 힘을 느끼게 되었습니다. 그들은 아무 말도 하지 않고, 대야에 물을 떠와서 제 발을 닦아주려고 했습니다. 더 많은 눈물이 났습니다. 제가 예전에 그들에게 해주었던 말이 생각났습니다. 용기를 가지라고, 너희가 견디지 못할 것은 없다고, 모든 역경은 너희를 위한 디딤돌이 될 것이라고. 그렇습니다. 제가 했던 말이 그 순간 제게 필요한 말이 된 것입니다.

그 시간들을 겪으며 저는 제가 일했던 방식을 되돌아보았고, 잘못했던 점을 받아들이게 되었습니다. 이후 저는 배려와 섬김으로 친구들을 대하려고 노력하고 있습니다. 앞으로도 저는 사랑을 나누고, 사랑으로 사람들을 돕는 일에 통로가 되고 싶습니다."

하일리라는 학생이 생활관에서 겪은 이야기다. 그는 졸업 후 미국으로 유학 길에 나섰고, 2013년에 대학을 졸업하자마자 다시 우리 학교로 돌아왔다. 3개 국어를 자유자재로 하는 하일리를 보며 학생들이 많은 도전을 받고 있다. 십수 년 전 처음 학교를 설립하고 여러 시행착오를 경험해나가고 있을 때, 하일리의 생활관 경험은 만방학교 생활관 정책의 기초가 되었다.

또 다른 학생, 채린이의 이야기를 들어보자.

"생활관은 집이다. 생활관은 사랑이 넘치는 곳이다. 무엇보다도 생활관은 인간관계를 다듬어 줄 가장 적합한 장소다. 내가 이렇게 만방 생활관을 정의하는 이유는 그만큼의 가치와 변화가 있는 곳이라는 것을 몸소 느끼고 경험했기 때문이다.

만방 학생의 진정한 변화는 생활관에서부터 시작된다고 해도 과언이 아니다. 생활관은 두 개의 층이 있고 한 층에는 50명이 넘는 사람이 살고 있다. 그런 만큼 공공으로 쓰는 물건을 더 조심히 다루고 아껴 써야 한다. 그래서 우리 생활관의 점호 내용을 들어보면 반 이상이 기숙사 사용에 대한 건의임을 볼 수 있다. '빨래는 제때 가져가주세요.', '대문은 꼭 닫아주세요.', '오수 시간에 시끄럽게 돌아다니지 말아주세요.' 이 외에도 화장실 깨끗하게 쓰기, 바닥에 물 흘리지 않기 등, 사소하지만 남을 배려하는 작은 마음과 습관 안에서 시작해야 실천할 수 있는 것들이 많다. 우리는 이렇게 삶 속에서 '배려'라는 것을 배운다. 처음 만방에 왔을 때는 노크하지 않고 방에 들어오고, 옷을 빌려 입고는 고맙다는 말없이 놓고 가고, 청소도 스스로 하지 않았던 친구와 동생들이 지금은 뒤질세라 주도적으로 배우고 배려하는 모습을 보면 정말 놀랍다.

참 작아 보이는, 별것 아닌 것처럼 생각되는 일들이지만 이러한 습관들이 매일 쌓여 생활화될 때 비로소 큰 결과물이 보이는 법이다. 그 습관이 쌓임과 동시에 나의 배려, 따뜻함, 선한 마음도 함께 성장해나가 만방에서 졸업할 때면 그 누구도 배워보지 못한 만방의 '배려'를 가슴에 안고 자랑스럽게 그 향기를 풍길 수 있는 것이다. 만방학교에서 체득한 '배려'는 우리가 세상을 살아가는 데 귀한 도움이 되고 자산이 될 것이라고 확신한다.

그렇다면 만방 생활관은 항상 배려만 하는 문제없는 곳일까? 절대 그렇지 않다. 나는 생활관을 '모난 돌들이 모여 부딪치며 둥글고 부드럽게 되는 계곡'이라고 표현하고 싶다. 정말 다양한 성격, 다양한 가족 환경, 다양한 지역에서 성장해온 사람들이 모여 사는 곳인 만큼 더 많이 문제가 생기기도 하고 충돌이 일어나기도 한다. 나 또한 예외가 아니었다.

신입생이었을 때, 나는 너무 소심해서 같은 방 친구가 나에게 무슨 일을 시키든 찍 소리 없이 하곤 했었다. 나도 이런 내 모습이 싫었고 친구의 이기적인 성격도 이해할 수 없어 힘들어하기 일쑤였다. 하지만 만방 생활관은 날 이렇게만 생각하게 놔두지 않았다. 생활관 주변 언니를 통해 다른 사람의 성격을 이해하고 내가 변해야 한다는 사실을 배울 수 있었다. 또한 내 의사를 분명히 전달할 줄 알아야 한다는, 사회에서 정말 필요한 배움을 천천히 익혀나가기 시작했다.

지금 나는 방장으로서 동생들을 이끌어나가고 따뜻하게 방원들을 섬길 만큼 성장했다. 우리를 다 돌멩이라고 생각하면 우리에겐 움푹 파인 부분도, 뾰족하게 솟아 있는 부분도 참 많다. 이렇게 못생기고 날카로웠던 돌멩이들이 서로 부딪쳐 구르며 때론 아픔도, 슬픔도 느끼지만 저 계곡 끝에 다다랐을 때는 우리도 모르는 새 패인 곳에 다른 조각이 붙어 아물어 있고 뾰족했던 곳이 부드럽고 둥글게 변해져 있다는 것을 깨닫게 된다.

만방의 학생들이 처음부터 배려심이 많았던 것은 아니었다. 이기적이고, 폭발적이고, 무뚝뚝하고, 예민했던, 그래서 많은 마찰과 고민으로 힘들어했던 시절도 있었다. 하지만 생활 태도부터 자신의 모난 부분까지 모조리 드러나는 만방 생활관에서 스스로 깨어지며 변화를 경험한다. 친구들과 언니들의 도움을 받으며 나 자신의 부족함을 깨닫고 남을 이해하는 것을 통해 둥근 돌이 되어 세상에 나가 다른 사람들에게 다가가기 위한 첫걸음을 떼는 곳, 그곳이 바로 만방 생활관이다."

학생들의 글을 읽으니 어떤 생각을 하게 되는가? 우리 아이들이 얼마나 어른스러운가. 사춘기를 질풍노도의 시기라고 폄훼하지 말라. 사춘기는 그야 말로 인생의 봄날과도 같다. 이 시기를 잘 지나기만 하면 꿈이 자라고 인격이 완성되어 간다.

대부분의 사람들은 직장인이 되어서야 인간관계의 어려움을 피부로 느낀다. 그런데 고민에 빠지고 스스로를 불행하다고 여길 뿐, 그것을 극복할 수 있는 파워를 기르기에는 이미 늦은 경우가 많다. 인간에 대한 이해가 부족해 어떻게 행동해야 할지 몰라 우선 피하려고만 한다. 하지만 청소년기에 미리 네트워크 파워를 기른다고 생각해보라. 우리는 급하지 않다는 이유로 중요한 것을 미루는 습관이 있다. 청소년기에 기초를 닦아주면 대학생활과 사회생활이 훨씬 수월해진다.

세상은 혼자 사는 것이 아니다. 함께 살아가는 것을 배워야 한다. 사회에서가 아니라 가정에서 그리고 학교에서 먼저 네트워크 파워를 길러야 한다. 이 파워가 커질수록 즐거운 학교생활, 행복한 사회생활이 가능해진다.

만방의 네트워크 파워 교육

첫 번째 파워는 '네트워크 파워'다. 즉 소통과 인간관계의 능력이다. 네트워크 파워를 가지면 행복한 가정생활, 학교생활, 사회생활이 가능하다.

네트워크 파워 Tip

1. 선후배 문화가 없다
- 선배, 후배라는 호칭이 없다.
- 가족관계처럼 언니, 오빠, 누나, 형, 동생만 있을 뿐이다.
- 대부분의 가정에서 형제끼리 존댓말 하지 않듯이 상급생에게 존댓말을 사용하지 않는다.
- 나이가 어리다는 이유로 욕하거나, 때리거나, 심부름을 시키지 않는다.
- 언니, 오빠, 형들이 먼저 아우들에게 본을 보인다.
- 멘토, 멘티의 관계를 맺는다.

2. 만방은 Cell phone-free 학교다
- 학교 내에서 스마트폰 사용을 금한다.

3. 만방에는 우유 카페가 있다
- 모든 선생님들과 학생들이 '밀크 타임'을 통해 친밀한 관계를 맺는다.

4. 모든 선생님이 전교생의 이름을 안다
- 모든 선생님은 신입생들이 들어오기 전에 그들의 이름을 모조리 외운다(자기가 맡은 반뿐 아니라 전체 신입생까지).
- 신상명세서를 통해 이름뿐만 아니라 그들의 특이사항을 미리 외워둔다.

- 선생님들끼리 모여서 신입생 한 명 한 명의 사진, 이름, 특성을 설명하는 시간을 갖는다.
- '야, 어이, 학생' 등 비인격적이거나 거리가 느껴지는 호칭은 절대 쓰지 않는다.
- 먼저 다가가 이름을 부르고 인사한다.
- 아플 때 엄마처럼 더 세심하게 보살핀다.

5. 학년, 반과는 별도로 목장이 있다

- 매주 목장 모임을 갖는다.
- 때로는 목자가 학생들을 집에 초청한다.
- 때로는 목자의 집에서 저녁식사를 같이 한다.
- 때로는 목자의 집에서 학생들과 함께 파자마 나이트를 한다.

6. 공동체 네트워크 파워를 기르는 만방 생활관이 있다

- 개인주의를 권장하는 1, 2인실은 두지 않는다.
- 한방에 4~6명이 공동생활을 한다.
- 구성원은 신입생, 저학년, 고학년, 방장으로 구성하여 신입생의 빠른 적응을 돕는다.
- 매년 오픈 하우스를 실시하되 방별로 테마를 정하여 창의력과 협동심을 키운다.
- 방장은 시키는 위치가 아니라 동생들을 섬기는 위치에 있는 자다.
- 각 층마다 층장, 부층장을 두어, 책임감과 서번트 리더십을 기른다.
- 사감은 모든 선생님들이 하루씩 돌아가며 하고, 학생들의 삶 속으로 들어간다.

가정을 향한 네트워크 파워 제안

1. 휴먼 네트워크의 황금률을 실천하자!
만방학교의 '네트워크 파워' 교육이 성공할 수 있었던 이유는 선후배 관계를 없애고 서로를 존중하는 인간관계의 황금률이 실행될 수 있었기 때문이다. 가정에서 부모가 먼저 인간관계의 황금률을 실천하는 모습을 보여주자.

2. 자녀가 어떤 유형의 사람인지를 파악하자!
만방학교 교사들이 아이들의 일거수일투족을 세심히 바라보며 아이들의 유형을 파악하고 찾아주듯 DISC, MBTI 검사, 에니어그램 검사, 성격 검사 등을 통해서 자녀가 자기 삶의 빛깔이 무엇인지를 깨닫게 하자. 자기 자신을 알 때 '네트워크 파워'는 상승하게 되어 있다.

3. 다양한 친구들을 만날 수 있는 장을 열어주자!
자녀는 다양한 배경의 친구들을 이해하고 만날 때 '네트워크 파워'가 길러진다. 공부 잘하는 친구, 공부 못하는 친구, 감정이 풍부한 친구, 지적 호기심이 많은 친구 등등 다름을 통해 상대방을 이해하며 수용해나가는 법을 배운다.

4. 국내외 테마 여행이나 자원봉사 여행을 보내자!
여행은 우리 삶에 유익한 것들을 많이 제공한다. 그중에서도 인간관계를 넓히고 깊게 하는 데 최상의 역할을 한다. 봉사도 하고 인간관계의 기술도 높이는 자원봉사 여행은 '네트워크 파워'를 키워주는 좋은 도구가 된다.

SEVEN POWER
EDUCATION

마음은 공부의 시작이요,
성공의 중요한 자질이다.

멘탈 파워
Mental Power

멘탈 파워의 기초,
긍정 마인드셋

 학교에서 학업관계 이상의 가족을 경험한 학생들은 마음의 평안과 자신감을 찾게 된다. 이때가 학생들의 잠재 능력을 한껏 끌어올릴 기회다. 그런데 그들을 붙잡아 넘어뜨리려고 하는 것들이 있다. 부정적 사고, 비교의식과 열등감, 도전하지 못하게 하는 소심함과 완벽주의 등이 바로 그것이다. 부정적인 사고를 긍정으로 바꿔주고, 비교의식으로부터 해방시켜 나만의 특별함을 느끼게 해주고, 도전과 돌파의 능력을 길러주어야 한다.

 자, 여기서 본격적인 담금질이 이루어져야 한다. 성공과 행복으로 가는 데 방해가 되는 불순물들을 제거하는 담금질, 즉 멘탈 파워를 강화시켜줘야 한다. 평소에 전국 1등의 실력을 갖추고 있다 해도 평소 고민해왔던 강박관념으로 인해 시험을 망친다고 상상해보라. 멘탈 파워를 키우는 것이 영어 단어와 수학 공식을 외우는 것보다 먼저다. 그렇다면 어떻게 자녀 혹은 학생의 멘탈 파워를 키워줄 수 있을까? 여기, 크게 세 가지 방법을 소개한다.

첫째, 긍정의 사람으로 변화하라.
둘째, 감사로 내면을 성형하라.
셋째, 한계를 뛰어넘는 돌파의 능력을 키워라.

태도, 인생의 가치를 바꾸다

『태도, 인생의 가치를 바꾸다』는 베스트셀러 저자인 존 맥스웰의 책 제목이다. 이 문구는 멘탈 파워를 높이는 첫걸음이라 할 수 있다. 우리의 마인드셋이 긍정적이냐 부정적이냐에 따라 그 결과는 하늘과 땅 차이기 때문이다. 이 책을 읽고 지윤이가 독후감을 발표하였다. 지윤이의 글을 읽어보자.

"명언 중에 이런 말이 있다. '오직 현명한 사람만이 여가를 잘 활용한다.' 나는 이 책을 읽고 이 명언을 이렇게 바꾸고 싶다. '오직 긍정적인 사람이 인생을 잘 살아간다.' 그만큼 이 책에서는 태도의 중요성을 강조하고 있고, 태도가 바로 우리의 삶을 변화시킬 수 있는 요소라고 말한다. 나는 이 책을 읽으며 그 중요함을 다시금 느껴보고, 나의 태도에 대해 되돌아보는 시간을 가질 수 있었다.

내가 돌아 본 나의 태도들 중 하나는 '인간관계에서의 태도'였다. 나는 인간관계에 있어서 항상 참는 쪽이었다. 아니, 그렇다고 생각했다. 하지만 '고통의 법칙' 부분에서 타인에게 상처를 잘 주는 사람은 자신 역시 타인으로부터 쉽게 상처받는다는 구절을 읽으면서 내 생각이 잘못됐다는 걸 깨닫게 되었다. 항상 나는 친구들의 말과 행동으로 인해 상처를 받는 쪽이라고 생각했는데, 동시에 내가 상처를 주고 있었다는 사실이 조금 충격이었다. 상처받은 사람은 항상 상대방이 잘못했다고 생각한다. 근데 과연 그럴까? 가는 말이 고와야 오는 말이 곱듯, 애초에 내가 상대방에게 아무 이유 없이 억울하게 상처를 입은 경우는 거의 없을 것이다. 내가 누군가에게 상처를 받았다고 느낄 때에는 나도 누군가에게 상처를 주었을 수도 있다는 것을 꼭 기억해야겠다.

두 번째로 내가 돌아본 것은 '나의 관점'이었다. 책에서 나온 예화 중, 전쟁 중에 군인인 남편을 따라 사막으로 이주했던 여성의 이야기가 나온다. 그녀는 열악한 사막의 환경 속에서 많이 힘들어했다. 하지만 그녀는 이내 "이 사막에서 내 별을 찾을 것이다"라는 결심을 굳혔고, 그녀의 시각은 더욱더 아름답게 변하기 시작했다. 바뀐 것은 환경이 아니었다. 바뀐 것은 그녀의 마음이었다. 나는 이 상황을 지금 내 생활에 적용해보았다. 우리 학교의 환경은 그녀가 살았던 사막과는 비교가 되지 않을 정도로 좋다. 하지만 나는 공부가 어렵다고, 시간이 없다고 항상 부정적인 생각을 갖고 살아왔다. 이런 내 인생의 가치는 얼마나 될까? 나의 하루에 부정적인 관점이 가득하다면, 내가 스트레스를 받는 것은 어쩌면 당연한 일이 아닐까? 이 이야기를 읽고, 나 역시 '만방에서 별을 찾는 사람'이 되고 싶다는 생각을 했다. 긍정적인 관점을 가지고 감사하며 살아간다면 나는 만방에서 행복을 찾고, 재능을 찾고, 꿈을 찾을 수 있지 않을까? 앞으로 나는 나만의 별을 찾고 싶다. 그리고 그러기 위해서는 아주 사소한 일부터 감사하며 살아야겠다고 다짐했다. 별이 어디에 있을지는 알 수 없으니까.

세 번째로는 '나의 생각'을 돌아보았다. 미국의 저명한 심리학자인 데니스 웨이트리가 이렇게 말했다. "승자의 강점은 소질이나 지능이 아닌 태도에 있다." 이 말을 생각하며 최근의 나의 태도를 돌아보니 춥다고 불평하고, 숙제가 어렵고 안 풀린다고 불평하는 등의 말을 많이 했던 것 같았다. 말은 생각에서 나온다고 했는데 돌아보니 나는 긍정보다는 부정적인 생각을 많이 하는 사람이었다. 요즘 들어 스트레스를 많이 받아 왜 그런가 했는데, 이 책을 읽고 나서 '내 생각'이 나를 힘들게 만들었다는 것을 알게 되었다. '힘들고 지친다'라는 부정적인 생각이 '배우는 과정이다, 도전해보자'라는 긍정의 생각을 이긴다면 우리는 실패할 수밖에 없다. 반대로 긍정의 생각이 이긴다면 우리는 그 어떤 일도 극복하며 살아갈 수 있을 것이다.

그렇기 때문에 이제 나는 달라지고 싶다. 다른 사람이 잘못했다고 탓하기 전에 내가 먼저 상처를 주진 않았는지 생각해보고, 힘들다고 짜증내기 전에 이렇게 공부하고 뛸 수 있게 나를 창조하신 하나님께 감사드릴 것이다. 그래서 가장 밝은 내 인생의 별을 찾을 수 있는 학창 시절을 만들어가고 싶다."

외모가 아닌 내면을 성형하라

『성공의 법칙』저자인 맥스웰 몰츠는 성형외과 의사였다. 그는 많은 사람들을 상담하고 수술하며, 외모의 교정보다 내면의 교정이 더 중요하다는 것을 깨닫게 되었다. 부정적인 사고로 왜곡된 내면을 바꾸는 '마음의 성형수술'이 '21일의 법칙'으로 가능하다는 것이다. 무엇이든 21일 동안만 계속하면 습관이 된다는 것이 바로 '21일의 법칙'이다. 그게 어떻게 가능할까?

바로 뇌의 가소성 때문이다. 긍정적인 생각이 대뇌피질에서 뇌간까지 전달되고 각인될 때 비로소 내면이 바뀌게 되는데, 이에 필요한 최소한의 시간이 바로 21일이라는 것이다. 21일 동안 긍정을 반복하면 거부감을 가졌던 뇌에 서서히 새로운 회로가 만들어지고, 계속적인 연습으로 회로가 강화되어 저항이 없어지며, 감사 체질로 바뀌게 된다. 부정적인 내면이 긍정적으로 변하는 것이다. 정말 내면의 성형이 이루어지느냐고? 비교의식, 자기비하, 완벽주의, 두려움, 분노감, 우울감 등의 부정적 내면을 성형한 학생들의 공통점은 다음과 같은 것들이다.

- 얼굴이 밝고 생동감이 있다.
- 긍정적이고 적극적이다.
- 배움에 대한 성실함이 있다.
- 자기의 단점을 장점으로 승화시킨다.
- 자신감이 높아 어려운 상황을 잘 헤쳐 나간다.

- 사람들과의 관계가 좋다.
- 웬만한 일에 스트레스를 받지 않는다.
- 희망적인 에너지로 리더십이 풍부하다.

연정이가 경험한 관점의 변화

"9학년 4반에 재학 중인 김연정입니다. 저는 이번 학기에 많은 변화가 있었습니다. 그중에서도 적극적으로 변한 저의 모습을 여러분과 함께 나누고 싶습니다. 적극적으로 생활하는 게 단지 활발하고 외향적인 모습만을 이야기하는 것은 아닌 것 같습니다. 모든 일에 즐거워하고 기쁘게 순종하려고 마음 먹는다면 모든 상황을 바라보는 관점이 긍정적이게 되고, 불만보다는 감사가 늘어나며, 옆에 있는 친구들과 학교를 사랑하게 되는 것 같습니다. 어떻게 저의 관점이 바뀌게 되었는지 알려드리고 싶습니다.

첫째, 사람들과의 관계를 맺는 관점이 바뀌었습니다. 남들에겐 밝게 보였겠지만 저도 소심하고 걱정이 많았습니다. 늘 '나는 왜 성격이 이렇지? 난 왜 안 되지? 난 왜 못하지?' 하며 자책하는 마음이 많았고 자신감이 없어서 친구들에게 먼저 다가가지 못했습니다. 그런 마음에 대해 기도하며 솔직하게 내려놓을 수 있었는데, 점점 감사의 마음으로 바뀌게 되었습니다. 그때부터 힘들고 어려워하는 사람들이 눈에 보였고, 그 친구들을 돕고 싶은 마음에 다가가서 위로해주며 제 안에 있는 기쁨을 나누어 주었더니 오히려 보람을 느끼고 뿌듯했습니다. 다른 사람을 비춰주고 일으켜주면서 내가 더 기쁘다는 것을 알게 되었습니다. 지금은 더 많은 사람들과 함께 있어서 너무나 행복합니다.

둘째, 합창팀, 반 활동, 목장 활동 등 학교의 모든 활동에 참여하는 관점이 바뀌었습니다. 이번 학기에 싱어 팀장과 반 미화부장을 맡게 되었을 때 '나보다 더 잘하는 친구들이 많은데 내가 왜 되었을까?'라고 생각하며 피하고 싶은 마음뿐이었습니다. 그래서 여러 친구들에게 이런 나의 부담감과 부족함을 오픈했고 도움을 받았습니다. 이전에는 '실수하면 어떡하지? 나를 이상하게 보지 않을까? 싫어하지 않을까?' 했던 생각들이 이제는 '다른 사람들에게 웃음을 줄 수 있어서 더 행복하다'는 관점으로 바뀌게 되었습니다. 오히려 생각이 바뀌면서 주변 사람들이 놀랄 정도로 더 당당하게 웃음을 줄 수 있었습니다.

셋째, 선생님들과의 관계에서도 관점이 바뀌었습니다. 지금까지 많은 친구들이 이야기했듯이 우리 학교에는 좋으신 선생님들이 정말 많습니다. 그런데도 자신감이 없었던 이전에는 나의 부족한 모습이 들킬까 봐 선생님들께 다가가기가 어려웠습니다. 그런 저에게 먼저 다가오시고 마음을 살펴주시는 선생님들의 사랑과 관심은 저를 180도로 변하게 하였습니다. 지금은 오히려 제가 더 선생님들을 자주 찾아뵙고 말동무가 되어드리거나 힘내시라고 응원도 해드립니다. 수업 시간에 '틀린 답이면 어쩌나?' 걱정했던 제가 이제는 당당하게 이야기하며 틀린 답이어도 즐거운 것은, 제가 너무나 좋아하는 선생님들께서 그런 저의 적극적인 모습을 좋아한다고 말해주시고 격려해주시기 때문입니다."

언제 보아도 환한 얼굴을 하고 있는 연정이가 멋진 학생으로 바뀐 이유가 있었다. 바로 태도의 변화 때문이었다. 부정에서 긍정으로, 불평에서 감사로, 소극적에서 적극적으로, 소심함에서 당당함으로, 나에 대한 관심에서 친구에 대한 관심으로…. 건강한 멘탈을 원한다면 우선 태도의 변화를 맛보아야 한다. 학교는 학생들이 긍정의 마인드로 리셋(Reset)할 수 있도록 도와야 한다.

세븐파워교육

멘탈 파워,
감사 훈련으로 키워라

최근 10여 년 동안의 연구를 통해 부정적인 사람도 긍정의 사람으로 변화될 수 있다는 묘약이 발견되었다. 그 묘약은 바로 '감사'다. 종교를 통해 수세기 동안 감사가 강조되었지만, 이상하게도 학교에서는 '감사'라는 덕목을 그리 중요시 여기지 않아왔다. 감사의 위력에 대해 잘 몰랐기 때문이리라. 긍정의 사람으로 변화시키는 '감사의 효과'와 우리 학교에서 실제로 도입하고 있는 '감사 프로그램'을 소개하고자 한다.

감사 과학의 선구자라고 불리는 캘리포니아대학교 데이비스캠퍼스의 로버트 에몬스(Robert Emmons) 교수는 마이애미대학의 맥컬로우(Michae

McCullough) 교수와 함께 대학생들 192명을 대상으로 감사의 효과에 대한 공동 연구를 진행했다. 실험 지원자들을 임의로 세 그룹으로 나누어 일주일에 한 번씩 기록하도록 했는데, 그 내용은 다음과 같다.[3]

감사(Gratitude) 그룹	감사하는 것에만 집중하도록 했다. '너그러운 친구들로 인해 감사해요' 같이 감사 제목을 다섯 가지 적게 했다.
짜증(Hassles) 그룹	기분 나쁘고 짜증나는 일을 다섯 가지 적도록 했다. 예를 들어, '주차장을 찾기 어려워서 힘들었다' 같이 말이다.
일상(Events) 그룹	불평이나 감사의 개념이 없이 '방청소를 했다' 같은 그저 일상적인 일만을 다섯 가지 기록하게 했다.

실험은 10주간에 걸쳐 진행되었다. 그 결과 감사 그룹이 가장 삶의 질이 높아졌고 더 건강해졌으며, 다른 그룹보다 일주일에 40분 이상 운동을 더 한 것으로 나타났다. 그리고 더욱 낙천적인 성향으로 변했다.

그들은 이어서 두 번째 실험에 들어갔다. 실험 참가자 157명을 감사 그룹과 짜증 그룹 그리고 비교(Comparison) 그룹으로 나누었다. 왜냐하면 사람들은 남들과 비교해서 더 우월하다고 느낄 때 행복할 것이라고 생각하기 때문이다. 이번에는 주간별로 작성하는 것이 아니라 2주 동안 매일 작성하도록 했다. 이 실험은 짧은 기간 진행되었기 때문에 건강에 대한 변화를 분간할 수는

---

3) Emmons & McCullough, J. Personality and Social Psychology, 84(2), 377-389(2003)

없었지만, 감사의 빈도가 높을수록 긍정적인 효과가 더 커진다는 것을 알 수 있었다. 즉, 행복이란 남들과의 비교에서 오는 것보다 감사하는 것 자체에서 더 크게 온다는 것을 밝혔다. 또한 감사 그룹의 사람들이 제일 사회성이 높다는 사실도 발견했다.

그들은 세 번째 실험을 해보기로 했다. 이번에는 건강한 젊은 사람들 대신에 만성 지병 환자들인 신경근육장애자 성인들을 중심으로 65명의 지원자를 모았다. 이들은 평소 생활하는 데 불편을 느끼고 관절과 근육에 통증을 느끼는 사람들로, 삶에 만족하지 못할 만한 큰 이유가 있는 사람들이다. 이전 실험과 동일하게 이들을 감사 그룹과 일상 그룹으로 나누어 3주간 실험을 진행하였다. 그 결과 감사 그룹의 사람들이 역시 삶의 만족도와 미래에 대한 낙천성이 더 높았으며, 30분 정도 잠을 더 많이 더 잘 잤다(환자들에게 좋은 잠이란 전반적인 삶의 질에 대한 척도로서 중요한 판단 기준이다. 보편적으로 잠을 잘 못 자는 사람들보다 잠을 잘 자는 사람들이 더 건강하고 행복하다). 여기서 발견한 사실은, 아무리 어렵고 힘든 환경이라도 감사하는 습관을 들이면 더 행복해질 수 있다는 것이다. 행복은 조건에서 오는 것보다는 감사에서 온다는 사실이 과학적으로 증명되는 순간이었다.

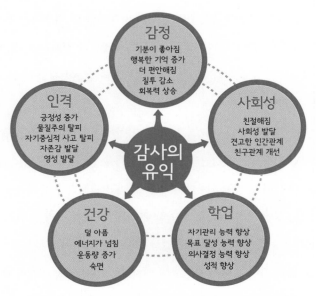

감사는 감정, 인격, 건강, 학업, 사회성 등 다양한 측면에서 도움을 준다.

상상할 수 없는 감사의 영향력

감사의 효능이 어린이와 청소년들에게도 확장될 수 있을까? 제프리 프로 (Jeffrey Froh) 교수는 로버트 에몬스 교수의 과학적 발견을 청소년들에게도 시도했다.[4] 먼저 중학생들 221명을 대상으로 감사의 효과에 대한 실험을 진행했다.[4] 열한 개 반의 아이들을 임의로 세 그룹으로 나누어, 에몬스와 맥컬로우

---

4) Froh et al, J. School Psychology, 46, 213-233(2008)

세븐파워교육

의 실험을 동일하게 2주 동안 실시했다. 그 결과 감사 일기를 쓰는 학생들이 학교생활의 만족도가 가장 높고 긍정적이었다. 또 프로 교수는 동료 연구진들과 함께 14~19세의 고등학생 1,035명을 대상으로 조사를 진행했다.[5] 그 결과 감사 일기를 쓴 학생들이 그렇지 않은 학생들에 비해 높은 성적을 얻었고, 삶의 만족도와 사회성이 높으며, 덜 질투하고 덜 우울해했다.

최근에 다음 그림과 같이 감사가 학생들의 학교생활에 미치는 연구 결과가 발표되기도 했다. 그림에서 수치는 학교생활이 감사와 얼마나 직접적인 연관이 있는가를 판별하는 상관계수다. 감사하는 학생들은 삶의 만족도, 부모, 선생님, 친구들과의 인간관계가 높아질 뿐만 아니라 높은 성적을 받을 수 있는 가능성도 커진다는 것을 알 수 있었다.

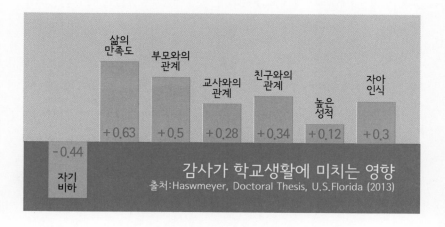

감사가 학교생활에 미치는 영향
출처 : Haswmeyer, Doctoral Thesis, U.S.Florida (2013)

---

5) Froh et al, J. Happiness Study, 12, 289-302(2011)

감사 편지를 쓰는 것 또한 매우 긍정적인 효과가 있다는 것을 발견했다. 8~19세의 학생들을 임의로 감사와 일상, 두 그룹으로 나누었다. 감사 그룹에게는 평소에 적절한 감사 표현을 하지 못했던 대상을 생각하고 그 사람에게 감사 편지를 쓴 뒤 찾아가서 그 편지를 읽도록 하고, 그 느낌을 적도록 했다. 일상 그룹에게는 전날에 있었던 활동들과 그 느낌을 적도록 했다. 이 실험을 2주 동안 매일 반복했다. 그 결과 감사하는 학생들이 그렇지 않은 학생들보다 스트레스를 10%나 더 적게 받았다. 바꾸어 말하면 스트레스 내성이 강해져서 소위 말하는 회복 탄력성이 10%나 더 커진다는 것이다. 이뿐만이 아니다. 감사하는 학생들이 그렇지 않은 학생들보다 A과목의 성적이 20% 더 높았을 뿐 아니라, 13%나 덜 폭력적이었다. 사회인의 경우 감사하는 사람들이 그렇지 않은 사람보다 행복도가 높고 연봉이 평균 7% 높다는 연구조사 보고도 있다.

어떠한가? 우리 아이들에게 입시 공부의 스트레스에 앞서 감사의 유익함을 먼저 누리게 해주어야 하지 않을까? 자녀를 성공적인 사람으로 만드는 데 감사 훈련만큼 좋은 것이 없다. 감사를 몸에 배게 하는 것이다. 이 훈련은 개인이 스스로 하는 데에는 한계가 있다. 이미 각인된 뇌의 저항과 거부감 때문에 이내 포기하기 때문이다. 그래서 우리 학교는 전체 학생들이 21일 동안 참여하는 '땡큐 프로젝트'를 만들었다. 훈련 내용은 다음과 같다.

만방의 땡큐 프로젝트

- 매일 하루 다섯 가지의 감사 제목을 적고 묵상하기

- 매일 감사 일기 쓰기

- 매일 밤 자기 전에 방 친구들과 감사 나누기(3-5분)

- 생활관 층마다 감사 나무를 만들어, 수시로 감사한 내용 써서 붙이기

감사 나무에 감사 내용을 적어 붙이고 있는 학생의 모습. 작은 나뭇잎들이 모여 큰 나무 그늘을 만들 듯 작은 것에도 감사하는 습관이 아이들의 내면을 변화시킨다.

감사 습관으로 변화되고 성장하고 있는 한나의 글을 소개한다.

"내가 만방에 오게 된 지 벌써 한 학기하고도 한 달이 지났다. 약 8개월이

라는 길면서도 짧은 시간을 되돌아보면, 나에게 수많은 변화들이 있었던 것 같다. 여전히 부족한 건 많지만 과거의 나는 지금의 나보다 훨씬 더 부족하고, 좋지 않았다. 그중 가장 좋지 않았던 건 조그만 일에도 화를 참지 못해서 짜증내고, 하루에 30번씩은 불평을 입에 달고 살았던 것이다. 그래서 그런지 내 삶은 항상 불만족스럽고 우울했다.

하지만 이렇게 무의미한 삶을 살던 내가 만방에 온 뒤로는 하루하루가 행복해지고, 사는 게 즐거워졌다. 언제부턴가는 화도 잘 안내고 짜증도 잘 안 부리게 된 것 같았다. 한 학기가 지난 지금은 웃음도 많이 늘고, 성격도 좀 괜찮아진 것 같다. 그래서 예전과 달라진 나를 발견한 순간, '뭐지? 나 왜 이렇게 된 거지?' 하며 내가 변하게 된 원인을 생각해보았다. 그러다가 조그만 일에도 감사하기 시작한 이후부터 내가 변하고 있다는 것을 알게 되었다.

학교에서 쓰라고 하는 감사 일기를 쓰면서, 점호 때 방끼리 감사를 나누면서, 하루에 감사 표현을 3번씩 하면서 나도 모르는 사이에 나에게 들어와버린 감사가 내 성격은 물론 내 삶까지 바꿔버릴 줄은 상상도 못했다. 사실 난 감사를 하더라도 달라지는 건 없을 거라 생각했다. 하지만 변화된 나를 보며 더욱더 열심히 감사할 수 있게 되었고, 그러다 보니 어떠한 상황이 와도 감사하며 넘어갈 수 있게 되었다.

한번은 내가 굉장히 아끼던 카메라 렌즈가 고장 나서 AS를 맡기려고 한국으로 택배를 보낼 수 있는지 선생님께 여쭤보았다. 하지만 선생님께서는 분실 위험이 있어서 안 된다고 하셨다. 예전 같았으면, '아, 그럼 부모님이 오실 때까지 기다려야 되잖아. 사진도 못 찍고 이게 뭐야' 하며 울고불고 난리 쳤을 텐데, '어? 그럼 사진 못 찍겠네, 그럼 뭐 부모님이 오실 때까지 기다려야지. 그래도 카메라가 고장나지 않은 게 어디야!'라고 생각하게 되었다. 불평이 나올 법한 상황에서 감사하는 내 자신이 되게 낯설게 느껴졌다. 정말 감사하면 화가 자연스레 줄어들고, 불평하는 일이 줄어드는 것 같다.

감사를 하면 할수록 모든 게 좋아 보인다. 감사란, 당연한 것을 당연하게 받아들이지 않는 것이다. 특별한 일 말고도 평범한 일에 감사하여, 내 주위 사람들도 나처럼 감사하는 삶을 살 수 있도록 온 곳에 감사의 씨앗을 뿌리고 다닐 것이다. 항상 감사하게!

감사에 젖어 살고 있는 나를 보면 너무나도 감사하다. 이렇게 나를 변화시켜준 만방의 교육에 감사! 마지막으로 나를 이곳으로 보내주신 부모님께 감사!"

감사 습관으로 성적을 올리다

한나 외에도 감사 훈련을 통해 좋은 효과를 본 친구들이 한둘이 아니다. 승훈이는 입학할 때 욕설을 입에 달고 살며 공동체 생활에서 매우 이기적인 성향을 보였던 학생이다. 성적은 아주 나쁘지 않은 C+ 혹은 B 학점의 수준에서 매주 시험을 치를 때 등락이 있었던 아이였다. 이런 친구들에게 감사 훈련은 매우 효과적일 때가 있다. 자신의 태도 변화에서 시작해 친구관계의 변화, 학습 태도의 변화를 가져다줄 수 있기 때문이다. 이런 희망을 가지고 감사 훈련에 들어가기 시작했다. 변화된 승훈이의 시험 성적 데이터를 보도록 하자.

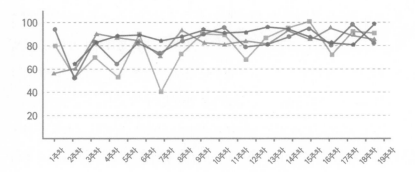

우리는 매주 시험을 치른 승훈이의 성적 변화를 그래프로 만들어보았다. 이 그림에서 보듯이 승훈이는 성적의 변화폭이 좁아지고 조금씩 높아져 C~B에서 B~A 성적으로 서서히 올라갔다. 감사 훈련을 하는 경우 성적의 변동 폭이 줄어드는 경우가 대부분이었다. 그만큼 정서적으로 안정되어 갔다는 의미다. 경험에 의하면 감사 훈련에 돌입 후 평균 3개월 이상이 되면 성적에도 좋은 결과가 나오는 것을 발견할 수 있다.

"넌 뭐가 되려고 공부를 안 하니?"

"공부해서 남 주냐, 이 녀석아?"

"좋은 대학 못 가면 엄마 아빠가 무슨 망신이냐?"

이런 식의 스트레스만 던져주기 전에 온 가족이 감사 훈련을 해보는 건 어떨까? 감사로 가족 모두의 멘탈 파워를 키워라. 다음의 글을 아이의 책상에 붙여놓고, 매일 한 번씩 보며 감사의 제목들을 나열하는 시간을 갖도록 해보자. 아이의 생각이 감사로 가득 찰 때, 놀라운 내면의 성형이 이루어진다.

가 – 가족을 감사하자(인생의 최고의 선물은 가족이다).

나 – 나를 감사하자(자신에 대한 최고의 예우는 감사다).

다 – 다 감사하자(모든 것을 감사함이 진짜 감사다).

라 – 라이프 스타일이 감사가 되게 하자(감사로 시작해서 감사로 마치는 하루가 복되다).

마 – 마음껏 감사하자(기왕이면 넘치는 감사를 하자).

바 – 바로바로 감사하자(감사를 미루면 감사도 시든다).

사 – 사건까지도 감사하자(사건조차도 감사하는 순간 기적으로 돌아온다).

아 – 아무에게나 감사하자(감사는 여권과 같다. 국경이 없다).

자 – 자동으로 감사하자(감사가 DNA가 될 때 정상을 살게 된다).

차 – 차선(次善)도 감사하자(차선이 최선, 최고로 돌아온다).

카 – 카운트하듯 감사하자(감사는 헤아리면 헤아릴수록 커진다).

타 – 타이밍을 맞춰 감사하자(때에 맞는 감사가 성공 인생의 보증 수표가 된다).

파 – 파노라마처럼 감사를 펼쳐보자(감사가 내 마음의 이력서가 된다).

하 – 하루에 다섯 가지를 감사하자(다윗이 들었던 다섯 개의 물맷돌과 같이 이런 작은 습관이 삶의 승리를 가져온다).

스펙보다 더 중요한 것,
도전과 돌파력

나는 미국, 캐나다, 유럽, 동남아, 중동 등등 세계 곳곳을 다니며 일한다. 해외에 나가게 되면 자연스레 현지 사람들과 우리나라 사람들을 비교해보게 된다. 나라마다 각양각색의 사람들이 있지만, 그 많은 사람들과 한국 사람들 사이에 뚜렷하게 비교되는 한 가지 특성이 있다. 우리나라 사람들이 외국 사람들에 비해 유독 부끄러움이 많다는 것이다. 중국인만큼 당당한 사람들이 또 어디 있을까 싶다. 해외에서 영어를 못해도 그저 중국어로 크고 자신 있게 말한다. 그런데 신기한 것은 이런 중국 사람들이 한국 사람들보다 훨씬 영어를 빨리 배운다는 것이다(물론 영어 공부에 똑같은 시간을 투자했다는 가정 하에).

우리 한국의 학생들은 틀리면 소위 '쪽팔려' 한다. 때문에 어디서나 쉽게 나서지 못한다. 우리나라 교육에서는 이 '수줍어함'의 벽을 넘게 하는 멘탈 강화 프로젝트가 필요하다. 나는 청소년들에게 강의를 할 때마다 '들이밀어 봐'라고 강조한다. 혼자 외운 것은 쉽게 잊어버리지만 한 번의 '쪽팔림'으로 배운 것은 잊으려야 잊을 수가 없다. 외국어 공부를 잘하는 사람들의 몇 가지 특징을 살펴보자.

- 따라 하기를 잘한다.
- 맞든 틀리든 일단 떠들고 본다.
- 수줍어하지 않고 매사에 적극적이다.
- 외국어가 서툴러도 몸짓과 모국어를 동원해 끝까지 의사 표현을 한다.

이런 특징이 어디서부터 오는지 아는가? 바로 '일단 부딪쳐보자'는 배짱이다. 아주 강한 멘탈 파워 말이다.

다윗 프로젝트

교육으로 유명한 유대인들이 가장 존경하는 조상 가운데 '다윗'이 있다. 다윗이 양치기 청년에 불과했을 때, 다윗의 조국인 이스라엘에서 블레셋 군대와의 전쟁이 일어났다. 당시 체구가 어마어마해 모든 이스라엘 군대를 공포로 몰아넣었던 블레셋의 골리앗 장군은 "나와 일대일로 붙어볼 사람은 나와

보시지!"라며 이스라엘과 하나님을 모욕하며 싸움을 걸어왔다. 군대에 있는 형을 만나러 갔던 다윗은 벌벌 떨며 쥐구멍만 찾고 있는 이스라엘 군대를 보고는 왕에게 나아간다. 그리고 스무 살에 불과한 양치기 다윗은 이렇게 출전 의사를 밝힌다.

"왕이시여! 용기를 잃으시면 안 됩니다(Let no one lose heart on account of this Philistine)."

용기를 잃어버리면 싸워보지도 못하고 패한다는 말이었다. 왕은 앞길이 훤한 한 청년의 목숨이 아까워 처음에는 허락하지 않았으나, 계속되는 다윗의 설득에 못 이겨 그를 전장으로 내보낸다. 질질 끌리는 갑옷과 거추장스러운 칼을 내려놓고 다윗은 물맷돌 다섯 개를 골라 골리앗 앞에 선다. 다윗을 본 골리앗의 표정이 어땠을지 상상이 가는가? 그런데 거인 골리앗이 모르는 것이 있었다. 다윗이 무수히 많은 맹수들로부터 양을 지키기 위해 싸워왔던 풍부한 경험의 싸움꾼이었다는 사실을.

이것이 바로 멘탈 파워다. 한국의 학생들에게 가장 필요한 것이기도 하다. 한국의 교육은 아이들 모두를 겁쟁이로 키우고 있는 것 같다. 그저 '입시다, 취직이다' 하며 두려움 속으로 아이들을 몰아 심한 압박감으로 공부하게 한다. 우리의 자녀들은 적극적이고 능동적인 공부를 해야 한다. 그로부터 자연히 독립성이 길러지고 자기주도적인 학습이 시작될 수 있다.

다윗 프로젝트 1 - 장거리 도보여행

　자녀의 멘탈 파워를 길러주기 위해 부모가 먼저 해야 할 것은 완벽한 것을 요구하지 말고 일단 부딪치는 연습을 시키는 것이다. 한국의 가정교육이나 공교육이나 모두 똑같이 도전하라는 '말뿐'이다. 정작 아이가 직접 해볼라치면 '위험하다', '다친다', '그 시간에 공부나 하라'며 아무것도 못하게 한다. 밥을 떠먹여주는 것부터, 학교 가는 아이의 가방 들어주기, 대신 숙제해주기, 수강신청 대신해주기 등 오히려 도전을 가로막고 있다. 우리의 인생은 날마다 도전의 연속이다. 언제까지 자녀를 치마폭 안에서 살게 할 텐가!

　우리 학교는 매년 봄에 도보여행이라는 것을 한다. 코스를 미리 정하고 하루 종일 걷는 프로그램으로, 한 번 걷기 시작하면 25~30km 정도를 걷는다. 아침 8시가 되면 전체 학생들과 교사들이 팀을 짜서 교문을 나서기 시작한다. 각 반마다 깃발을 들고 용감하게 나선다. 서로 이야기꽃을 피우며 깔깔 웃어 대고 장난도 치며 아주 활기찬 모습이다. 하지만 두 시간 정도 지나면 서서히 힘들어하는 아이들이 나온다. 네다섯 시간이 지나면 그 말 많던 아이들이 조용해진다. 그러고는 걷는 데만 온 에너지를 쏟아붓는다. 그렇게 열심히 걸어 다시 학교로 돌아오기까지 일곱 시간 정도 걸리는데, 이것을 마치고 나면 발바닥에 물집이 생기거나 일주일은 다리에 알이 배어 거위처럼 뒤뚱거리며 걷는 녀석들이 속출한다. 이런 극기 훈련 같은 도보여행을 학교에서 왜 하냐고? 도보여행이 주는 좋은 점들이 있기 때문이다.

- 친구와의 관계가 좋아진다.
- 힘들어하는 친구를 도와주며 우정이 만들어진다.
- 선생님과 많은 대화를 하며 교제와 상담이 이루어진다.
- 가족 같은 끈끈한 유대관계가 만들어진다.
- 해냈다는 성취감을 느낀다.

몸의 근력이 있어야 건강한 생활을 할 수 있듯이, 마음에도 근력이 붙어야한다. 나는 시간이 날 때마다 걷기와 근력 운동을 하곤 한다. 벤치 프레스, 레그 프레스, 로풀, 풀 다운, 스쿼트, 런지 등의 근력 운동을 한다. 이 때 내가들어올리거나 잡아당기거나 밀어내는 적정의 무게가 있다. 그러나 항상 내한계치보다 5%는 늘리곤 한다. 한계치 근력을 끌어올리기 위해서다. 이런 식으로 한두 달 계속하다 보면 간신히 90kg를 들다가도 어느새 100kg까지 너끈해진다. 이렇게 조금씩 근력을 올려야 한다.

마음의 근력도 마찬가지다. 여러 가지 분야로 도전 거리를 만들어 도전하게 해보자. 이때 얻어지는 것이 무엇인가? 바로 성취감이다. 이것은 공부 효과로도 직결된다. 한번 도전해봐야겠다는 긍정적인 생각이 점점 커지게 되는것이다. '왜 우리 아이는 성적이 오르지 않을까?', '왜 우리 아이는 공부라는이야기만 들으면 짜증부터 낼까?' 이 같은 고민을 안고 있다면 당신의 자녀에게 당장 필요한 것은 공부가 아닌 멘탈 파워다. 공부 이외의 것에서부터 도전프로그램을 만들어 멘탈 파워를 길러줘라. 에녹이의 도보여행 감상문을 함께읽어보자. 도전 뒤에 느끼는 짜릿한 성취감을 맛볼 수 있다.

"일 년이 지나고 또다시 극기 훈련의 시간, 도보여행이 돌아왔다. 기대 반 걱정 반으로 갔다 온 만방에서의 3번째 도보여행이었다. 도보여행을 가기 전에 다리를 다쳐서 일주일 정도를 고생하고 완전히 낫지 않은 상황에서 긴 거리를 도보로 간다는 것이 다소 걱정되긴 했지만 잘 이겨낼 수 있었다.

항상 느끼는 것이지만 도보여행은 참 고통스럽다. 그러기에 혼자 할 수는 더더욱 없다. 함께했기에 24km라는 대장정을 성공할 수 있었다. 도보여행을 하면서 많은 것들을 보고 느꼈다. 내가 본 것은 아름다운 하늘과 허허벌판 시골의 정겨운(?) 분위기였다. 마치 옛날 시대로 온 것처럼 말과 소가 묶여있는 모습, 목자가 양떼를 채찍질하며 몰고 가는 모습, 트랙터와 경운기를 타고 가는 시꺼먼 아저씨들의 모습 등 모두가 정겹게 느껴졌다. 그 안에서 깃발을 나란히 들고 행진하는 수백 명의 만방인 행렬.

사진기를 갖고 가는 나에게 순간 포착을 하게 해주는 기회도 많았다. 웃고 떠들며 노래 부르며 가는 사람부터, 힘들지만 묵묵히 다리를 움직이며 힘차게 걷는 친구들까지. 또 쉬는 시간에 각자 사진기로 추억을 담는 모습까지도 도보여행에서 내가 본 다양한 모습들이 있다. 그중 가장 아름다운 모습은 발을 맞추고 행렬을 맞추고 함께하는 모습, 힘들지만 노래를 부르며 노래를 에너지원으로 만들어 힘든 몸을 충전하는 모습은 아픈 다리 때문에 두 배 이상으로 고생하는 나에게 긍정적인 마음을 갖게 하고 힘든 순간을 잊게 해주었다. 허허벌판부터 건물이 있는 곳, 비포장도로의 울퉁불퉁한 길부터 포장이 된 도로까지 도보여행은 많은 것들을 보게 해주었다.

할 때는 힘들지만 매번 도보여행이 기다려지는 이유는 그만이 줄 수 있는 즐거움 때문이지 않을까 하고 생각했다. 학교가 눈앞에 보일 때의 그 성취감은 정말 말로 표현할 수 없을 만큼의 감동을 느끼게 했다. 혼자는 못한다. "함께했기에 능히!"라고 할 수 있을 만큼 그 힘은 강하다. 함께해준 친구들이 있어 감사했던 도보여행이었다."

도보여행. 매년 봄 25~30km를 걷는다.

다윗 프로젝트 2 - 기초 군사 훈련

요즈음 학생들의 일과를 보자. 엄마의 호통에 마지못해 뭉그적대며 일어나 아침밥은 대충 먹고, 늦었다고 난리치며 학교로 줄행랑이다. 방청소 역시 엄마의 몫이고 아이들이 하는 일이라고는 학교 공부, 학원 공부, 학교 숙

세븐파워교육

제, 학원 숙제, 인터넷 게임, SNS 그리고 잠자기다. 이런 라이프 스타일로 어떤 리더가 길러질 수 있을까? 한마디로 멘탈 훈련은 사라진 지 오래다. 홀로 서기와 극복하기 등의 훈련은 찾아보기가 힘들다. 사회에서 성공하는 사람은 결국 멘탈 파워가 높은 사람이다. 이제는 학교에서도 멘탈 훈련을 도입해야 한다.

우리 학교에서는 학생이 입학하면 가장 먼저 실시하는 교육이 있다. 바로 기초 군사 훈련이다. 중국 학생 '왕이'가 기초 군사 훈련을 마치고 쓴 글을 한글로 번역하여 소개한다.

"드디어 입학과 동시에 이루어지는 기초 군사 훈련을 마쳤다. 나는 지금까지 공동체 생활을 해본 적이 없었다. 그러나 만방학교에서는 모두 기숙사에 머물러야 하고, 공부뿐만 아니라 밥도 잠도, 심지어 군것질도 학교에서 모두 해결해야 한다. 학교에 오자마자 신입생 '멘탈 훈련 캠프'가 나를 기다리고 있었다. 심각한 얼굴, 꾹꾹 눌러쓴 모자에 군복을 입은 교관들 네 명이 우리 앞에 섰다. 그들은 간단한 인사말과 함께 우선 제식 훈련을 시켰다. 먼저 열 명씩 그룹을 나누어 분대를 만들었다. 일렬로 서는 법, 좌로 도는 법, 우로 도는 법, 뒤로 돌아가는 법 등의 시범을 보여주었다. 우리는 분대별로 나누어져 각 교관에 의해 훈련에 돌입했다.

이런 분위기는 생전 처음이었다. 언제나 자유롭고 내가 하고 싶은 대로 하다가, 다른 사람과 줄을 맞추어야 하고 행여나 내가 틀리면 다른 사람들에게 피해를 주는…. 처음에는 아주 가벼운 마음으로 시작했지만 시간이 가면서 점점 우리는 정신을 바짝 차릴 수밖에 없었다. 걷고 또 걷고, 뛰고 또 뛰고, 이렇게 땀을 많이 흘려본 것도 처음이다. 정말 숨을 헉헉거리며 포기하고 싶을 때도 있었지만 팀원들에게 불이익을 끼치고 싶지 않아 이를 악물었다.

드디어 하루 훈련을 마치고 저녁식사 시간이 되었다. 모두들 배가 고팠는지 뛰라는 얘기도 하지 않았는데 있는 힘을 다해 식당으로 뛰어갔다. 식판과 수저를 들고 식판 위에 밥과 반찬을 쌓아 산을 만들었다. 학교에 온 것이 아니라 군대에 온 기분이 제대로 들었다. 한 번도 만나보지 못했던 분대원들이었지만 함께 땀을 흘렸다는 이유만으로 우리는 하루 만에 자연스럽게 말을 걸며 빠르게 친해졌다. 더군다나 핸드폰도 없으니까, 경험해보지 못했던 해방감도 느낄 수 있었다.

생활관은 한방에 여섯 명이 함께 지낸다. 각 방마다 샤워장이 있는 것이 아니라 공동 샤워장, 세면장, 화장실이 있고 샴푸나 비누 등은 공동 사용이 아니라 모든 개인이 준비해야 한다. 우리는 각 분대별로 10분 이내에 샤워를 마쳐야 했다. 샤워기의 물줄기가 이렇게 시원했다니…. 땀으로 뒤범벅된 몸 구석구석을 깨끗이 씻었다. 생애 최초의 의미 있는 휴식 시간을 갖는 기분이었다. 샤워 후 방에 들어와 벌러덩 누웠다. 역시 사람은 고생을 해봐야 휴식의 고마움을 느끼는 것 같다.

달콤한 휴식의 밤에도 훈련은 우리를 기다리고 있었다. 먼저 빨래하는 법을 배워야 했다. 속옷 같은 간단한 옷은 반드시 본인이 빨아야 한다. 세면장 겸 빨래터에 빨래를 가져가서는 비누를 칠하고 손으로 빨래를 비벼댔다. 빨래를 널고 나면 그다음 훈련이 기다리고 있었다. 이불을 개는 방법을 배웠다.

침대 위의 이불은 반드시 각을 지게 해서 개어야 했다. 옷을 정리하는 법, 방 청소하는 법 등을 가르친 후 교관은 외쳤다.

"지금부터 방 청소와 개인 사물함 정리를 할 것이다. 30분 후에 각 방마다 검사에 들어갈 것이다. 꼴찌 방은 운동장 열 바퀴를 돌 것이다. 실시!"

우리는 다른 방보다 깨끗하게, 말끔하게 하자고 의기투합하며 힘을 합쳐 열심히 쓸고, 닦고, 정리해나갔다. 누구 하나 농땡이를 부리지 않았다. 집에서 내 방 청소도 거의 해보지 않았는데, 또 다른 나를 발견하는 순간이었다.

취침 시간은 밤 열 시였다. 모두가 예외 없이 눈을 감아야 한다. 모든 방은 소등에 들어간다. 워낙 피곤한지라 잠자리에서 잡담할 여유가 없다. 나는 눕자마자 이내 단잠에 빠져들었다.

이렇게 하루, 이틀, … 일주일을 보냈다. 이런 생활이 생소하기도 하고 힘이 들기도 했지만 보람차고 의미 있는 일주일이었다. 학교생활에 적응도 잘할 것 같고, 친구들과도 이 짧은 기간을 통해 좋은 관계가 만들어진 것 같다. 무섭게만 느껴졌던 교관 아저씨들은 무사히 훈련을 마친 것을 웃으며 축하해주셨다."

신입생은 반드시 기초 군사 훈련을 받도록 한다. 군사 훈련을 받으면서 독립심이 길러지고, 수많은 스트레스와 어려운 환경을 이겨나갈 수 있는 멘탈 파워가 생긴다.

멘탈 강화 프로그램을 만들라

만방학교의 수업은 '멘탈 훈련'을 받는 것에서부터 시작된다. 제식 훈련, 구보 훈련, 태권도 훈련 등 육체적으로 고생하는 시간을 갖는 것은 교육적으로 매우 중요하다. 지옥 훈련까지야 할 수 없지만 멘탈 훈련을 한 번 통과하면 도전 정신을 심어줄 수가 있다. 이것은 공부에도 적용된다. 공부란 자신의 꿈을 위한 도전이라는 마음을 갖게 되는 것이다. 나는 선생님들에게 이렇게 말하곤 한다.

"정 할 게 없으면, 땅을 파게 하고 다시 묻게라도 하세요. 고생을 해봐야 장차 리더가 될 수 있어요. 너무 편한 환경이다 보니 다들 나약해졌어요. 겁부터 내고 조금만 힘들어도 포기하고 싶어 하고…. 강한 멘탈의 소유자만이 남을 이끄는 위치에 서게 됩니다."

나를 비롯한 선생님들은 늘 이렇게 고민한다. '어떻게 하면 아이들을 고생시킬까?' 워낙 과잉보호 속에서 자라는지라, 일부러라도 멘탈 강화 프로그램을 만들어 멘탈 파워를 강화시켜주어야 한다.

단체 장거리 뛰기도 매우 좋은 멘탈 강화 훈련이기도 하다. 은비가 한 바퀴 돌 때마다 달라지는 감정과 마음의 상태를 적나라하게 표현하였다. 인생의 축소판과 같다는 느낌이 들어 함께 나눈다.

'학교 20바퀴'

한 바퀴, 많이 춥고 귀찮았다.

두 바퀴, 나름 뛸만하고 괜찮다는 생각이 들었다.

세 바퀴, 친구들이 마치 허물을 벗듯이 겉옷을 내팽개치고 뛰기 시작했다.

네 바퀴, 뒤쳐지는 친구들을 향해 응원하는 친구들의 모습이 감동이었다.

다섯 바퀴, 맑은 하늘에 달이 떠 있는 모습이 참 예뻤다.

여섯 바퀴, '과연 내가 뛸 수 있을까' 하는 마음이 들면서 힘들었다.

일곱 바퀴, 모든 일은 정신력이라는 것을 깨달았다.

여덟 바퀴, 마음과 정신을 굳게 다잡고 기쁜 마음으로 시작했다.

아홉 바퀴, 뛸 수 있는 건강한 몸이 있다는 게 감사했다.

열 바퀴, 중보 기도를 하는 여유를 가지기도 했다.

열한 바퀴, '남자는 남자구나'라는 생각이 들었다.

열두 바퀴, 처음에는 각자 뛰다가 갈수록 발을 맞춰 뛰는 우리가 한마음이라는 걸 느꼈다.

열세 바퀴, 서로를 위해 응원하고 배려하는 모습이 감사했다.

열네 바퀴, 두 번째 관문이 찾아왔지만 정신력을 기억하고 다시 이겨냈다!

열다섯 바퀴, 만방 사람들은 대단히 긍정적인 사람들이라는 걸 다시 한 번 깨달았다.

열여섯 바퀴, 선생님들께 감사했다.

열일곱 바퀴, 선두로 뛰는 것도 꽤 재미있고 왠지 모를 책임감이 생긴다는 것을 알았다.

열여덟 바퀴, 만방 여자들은 목청도 크고 폐활량이 대단하다는 것을 깨달았다.

열아홉 바퀴, 무엇인가를 해낼 수 있다는 희망이 생겨 감사했다.

스무 바퀴, 동역이라는 것이 얼마나 힘이 있는 것인가를 배웠다.

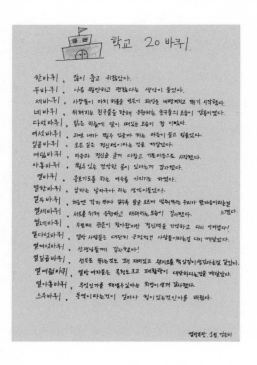

우리나라 학생들은 생존을 위해 공부한다. 그러니 공부의 기쁨보다는 부담이 클 수밖에 없다. 성적이 좋아야 좋은 대학에 가고 그래야만 좋은 직장을 얻는다고 생각한다. 공부가 생존 전략이 돼버린 것이다. 그러면 그 내면에는 두려움이 찾아든다. 두려움이 만들어내는 스트레스와 강박감은 늘 학생들을 짓누르고, 부모를 위협하며, 교사의 목을 조른다. 그러니 부정행위같이 해서는 안 될 행동까지 서슴지 않는 것이다.

최고의 생존 전략이 무엇인지 아는가? 그것은 바로 생존을 생각하지 않는 것이다. 생존은 영어로 Surviving(sur+viving), 어떠한 경계 안에서 살아가는 것이다. 우리는 이 '경계 안에서'를 Surpassing(sur+passing)으로 바꾸어야 한다. 즉, 블루오션을 향해 경계를 '뛰어넘어야' 하는 것이다. 나는 취직이 안 되서 힘들어하는 청년들에게 권면하곤 한다. 밖으로 나가라고. 그것도 미국 같은 선진국이 아니라 베트남, 캄보디아, 카자흐스탄 등 신흥개발도상국으로 가라고 말한다. 수천만 원을 쏟아부어 영어를 배울 돈으로 신흥개발도상국에 가서 그 나라의 대학을 다니고, 그 나라의 전문가가 되라고 조언한다. 그렇게 조언한 지 벌써 십수 년 째가 되어 가는데, 아마 그때 내 조언을 받아들였던 청년들은 지금쯤 대박 인생을 걷고 있지 않을까 싶다. 이제 이런 국가들 쪽으로 한국의 대기업들이 러시(rush)를 이루고 있다. 현지 언어에 능통한 인재들이 필요하게 된 것이다. 이것이 바로 '경계 밖'으로의 돌파 정신이다.

우리가 청소년들에게 전수해야 할 것은 무엇인가? 안전하게 사는 방법? 명문 대학에 합격하는 꼼수? 이는 모두 생존 전략일 뿐이다. 멘탈 파워가 약한 사람들은 늘 눈에 보이는 안전한 곳만을 찾는다. 몸보신만 잘 하다가 죽어가겠다는 것이다. 우리 아이들에게 겨우 그 정도의 미래를 꿈꾸도록 해서야 되겠는가. 역경을 극복하는 파워, 새로운 것에 대한 시도와 도전 등 멘탈 파워를 길러주어야 한다.

만방의 멘탈 파워 교육

두 번째 파워는 '멘탈 파워'다. 정신적인 자신감을 가진다면 성공적인 인생을 살아갈 수 있다.

멘탈 파워 Tip

1. 긍정의 사람으로 변화하라
- 우리의 마인드셋을 긍정적으로 바꿔라.
- 부정적인 내면을 성형하라. 21일 동안 긍정을 반복하면 거부감을 가졌던 뇌에 서서히 새로운 회로가 만들어지고, 계속적인 연습으로 회로가 강화되어 저항이 없어지며, 감사 체질로 바뀌게 된다.
- 우리의 태도를 부정에서 긍정으로, 불평에서 감사로, 소극적에서 적극적으로, 소심함에서 당당함으로 바꿔라.

2. 감사로 내면을 성형하라

만방의 땡큐 프로젝트
- 매일 하루 다섯 가지의 감사 제목을 적고 묵상하기
- 매일 감사 일기 쓰기
- 매일 밤 자기 전에 방 친구들과 감사 나누기(3-5분)
- 생활관 층마다 감사 나무를 만들어, 수시로 감사한 내용 써서 붙이기

3. 한계를 뛰어넘는 돌파의 능력을 키워라

다윗 프로젝트
- 장거리 도보여행 : 매년 봄에 25~30km를 전교생과 전교직원이 함께 걷는

다. 이를 통해 힘들어하는 친구를 도와주며 우정이 만들어지고, 선생님과 많은 대화를 하며 교제와 상담이 이루어짐으로써 가족 같은 끈끈한 유대관계가 만들어진다. 또한 해냈다는 성취감을 맛봄으로써 마음의 근력을 키울 수 있다.

- 기초 군사 훈련 : 신입생들을 위한 훈련으로 가정에서부터 점철된 습관을 새롭게 고치는 학교 적응 훈련이다. 이를 통해 독립심이 길러지고 수많은 스트레스와 어려운 환경을 이겨나갈 수 있는 멘탈 파워가 생긴다.
- 그 외 제식 훈련, 구보 훈련, 태권도 훈련, 단체 장거리 뛰기 등의 멘탈 강화 프로그램을 통해 역경을 극복하는 파워, 새로운 것에 대한 시도와 도전하는 멘탈 파워를 길러준다.

가정을 향한 멘탈 파워 제안

1. 거실에 감사 나무를 만들어보자!
감사는 삶을 리셋(reset)하는 효과가 있다. 거실에 감사 나무를 만들어 온 가족이 감사 제목을 적어서 붙이고 함께 나누어보자. 짜증과 불만이 감사로 변화되면 자녀들의 정서도 안정되고 학습 효과도 더 좋아진다.

2. 자녀를 위로하고 격려하자!
낮은 자존감은 강한 '멘탈 파워'를 저해하는 요소다. 위로하고 격려하는 것이 필요하다. 자녀들에게 격려의 편지를 쓰거나 수고한 자녀의 모습을 칭찬해보자. 자녀들도 스스로를 위로하고 격려할 수 있도록 지도해보자.

3. 가까운 사람에게 사랑과 감사를 표현해보자!

자녀가 사랑스러운 20가지 이유를 써서 표현해보자. 지금 당장은 자녀들이 쑥스럽다며 퉁명스럽게 행동해도 위기의 순간마다 그 내용을 기억하며 자존감을 세워나갈 것이다. '멘탈 파워'의 에너지원은 사랑이다.

4. 가족과 함께 등산이나 도보여행을 해보자!

1년에 두 번 정도 자신의 한계를 느낄 수 있는 등산이나 도보여행을 해보자. 자신의 한계를 느끼고 극복하기 위해 노력하는 과정에서 '멘탈 파워'가 생긴다. 이를 위해서는 규칙적인 수면과 균형적인 식습관을 통한 육체적 준비가 필요하다. 이 과정에서 부모와 자녀는 협동하고 격려하는 법을 배우면서 강한 정서적 연대의 축복을 경험할 수 있다.

SEVEN POWER
EDUCATION

21세기,
눈부신 발전을 이룬 뇌과학!
두뇌의 성능을
과학적으로 끌어올려라!

Power Three

브레인 파워
Brain Power

01

솔로몬 프로젝트

다영이가 하루는 교장실로 찾아와서 말했다.

"선생님, 후배들을 도울 수 있는 좋은 생각이 있어요."

"그래? 말해보렴."

"몇몇 후배들이 공부 방향을 잡는 데 어려움을 겪는 것 같아요. 제가 공부에 대한 세미나를 좀 해도 될까요?"

다영이의 자발적인 제안으로 '솔로몬 프로젝트'가 시작되었다. 솔로몬 프로젝트라는 말은 '솔로몬의 잠언'에서 아이디어를 얻은 것이다.

철이 철을 날카롭게 하는 것 같이 사람이 친구의 얼굴을 빛나게 합니다.

– 잠언 27장 17절

솔로몬 프로젝트는 상생의 공부 방법을 찾는 것이다. '너와 나 함께' 잘해보자는 프로젝트다. 경쟁심을 갖고 나 혼자 하는 것은 잠시 도움이 되겠지만 성장에는 한계가 있다. 다 같이 잘되는 방법을 모색해야 한다. 서로가 서로의 얼굴을 빛나게 하는 공부의 현장, 듣기만 해도 가슴 설레지 않는가?

학생에 의한 학생을 위한 학습법

매 학기 신입생들이 들어오고 한 달 정도의 정착 기간이 지나면, 우리는 공부에 대한 세미나 시간을 갖는다. 강사는 선배 학생들이고 청중은 신입생과 교사들이다. 동병상련이라는 말이 있듯이, 같은 처지에 놓인 친구들의 말이 어른의 말보다 훨씬 강하게 영향을 미친다. 하늘이는 자기관리, 인간관계, 성적 등 많은 면에서 남들에게 좋은 영향을 미치는 학생이다. 하늘이가 신입생들 앞에 나와 공부법에 대한 자기의 생각을 나누기 시작했다.

"하고 싶은 말은 '서로 배려하며 공부하는 분위기를 조성하자' 입니다. 아무래도 환경의 영향을 전혀 안 받을 수가 없겠죠. 수업 시간에 누구 하나가 자거나 몇몇이 소란스러우면 선생님께서 진도를 원활히 나갈 수 없는 만큼 공부하고 싶어 하는 사람들에게도 영향을 줍니다. 그러므로 공부하기 원하든

원하지 않든 공동체 안에서 서로 배려하며 공부하는 분위기를 만들어주는 게 중요합니다.

세상의 기준에 따라 공부를 잘하는 사람과 공부를 못하는 사람이 나눠지지만, 그 사람들의 차이점은 따지고 보면 사소한 것에서부터 시작됩니다. 수업에 조금 더 집중하고, 선생님이 하시는 말씀에 조금 더 귀를 기울이고, 자신이 필기한 것이나 배웠던 것들을 조금 더 보고, 단어를 조금 더 많이 생각하는 것 등 작고 사소한 습관이 차이를 만드는 것입니다.

공부는 어렵지 않습니다. 다만 공부하는 습관을 만드는 게 어렵지요. 습관이란 하루아침에 만들어지는 게 아니므로 참고 인내해야 합니다. 하지만 좋은 습관으로 인해 달라진 나 자신과 성적표를 보면 느낌이 남다르겠죠?

여러분, 우리가 이렇게 공부하는 방법에 대해 소개하고 관심을 가져주고 도와주려 해도 분명 어떤 사람에게는 효과가 있고 어떤 사람들은 바로 효과가 드러나지 않을 것입니다. 하지만 그럼에도 불구하고 이렇게 이야기하는 것은 여러분의 공부에 대한 관점을 조금이라도 바꿔주기 위함입니다. 여러분도 자신만의 공부하는 법을 발견하며 공부의 재미를 느껴보세요."

학생이 선생보다 낫다는 생각이 든다. 조목조목 조리 있게 자기의 경험을 바탕으로 이야기하는데, 누가 경청하지 않겠는가. 솔로몬 프로젝트는 1회성의 세미나로 끝나지 않는다. 우선적으로 세미나를 통해 학생들의 공부 분위기를 잡고, 그다음 단계에 들어간다. 어떤 과목이 특별히 부족한 아이는 스터디 메이트를 연결해주거나, 고학년이 저학년의 멘토가 되는 멘토-멘티 그룹을 만들어나가는 것이다.

스터디 메이트를 만들다

우리는 세미나를 마치면 '스터디 메이트'를 짠다. 유대인들에게 아주 익숙한 방법이다. '예시바'라고 들어봤을 것이다. 유대인들의 도서관이라고 보면 된다. 유대인들은 예시바에 들어가면 가장 먼저 공부할 짝을 찾는다고 한다. 그 짝이 꼭 친구일 필요는 없다. 짝을 찾으면 본격적으로 공부에 돌입하기 시작하는데, 서로 질문과 대답을 해나가며 토론의 불이 붙는다. 수백 명의 사람들이 짝을 지어 토론을 하고 있다고 생각해보라. 도서관이 도떼기시장만큼이나 시끄러울 것이다. 이런 토론식 공부법은 질문과 대답을 통해 생각이 정리되고 자연스럽게 암기가 된다는 장점이 있다. 그뿐만 아니라 다른 사람의 생각을 들음으로써 생각의 폭이 넓어진다.

한국인들은 대체적으로 듣는 것 위주로 공부하고, 질문하지 않으며, 혼자 암기하는 것을 좋아한다. 아이들에게 질문이나 토론의 장을 만들어줘야 한다. 일단 틀이 만들어지면 그 안에서는 어쩔 수 없어서라도 잘해내는 것이 또 한국인들이다. 그래서 우리는 '스터디 메이트'를 정해주는 방법을 도입하기로 했다. 솔로몬 프로젝트에서 영진이가 후배들에게 '스터디 메이트'에 대해 이야기한 내용을 들어보자.

"제가 알려드리고 싶은 건 스터디 메이트의 소중함이에요. 만약 저에게 친

세븐파워교육

구가 없었다면 지금의 저는 없었을 것입니다. 우리는 힘들 때 도와주고, 따끔한 말로 서로 일깨워주었습니다. 감사하게도 제 친구들은 다소 기분이 나쁠 수도 있는 충고에도 상처받지 않고, 이해해주었어요. 여러분들도 친구들이 충고를 한다 해도 그건 다 여러분을 사랑하고 생각하기 때문에 그런 것이니 감사해야 합니다. 진정한 친구가 필요하다면 충고해주는 사람이 되었으면 좋겠습니다.

스터디 메이트의 장점은 경쟁이 아닌 '서로 돕는 것'에 있습니다. 상대방에게 배워야 할 지식은 배우려 노력하고, 자신이 아는 것들은 많은 사람들에게 나누려고 노력해야 합니다. 우리는 세상을 변화시킬 사람들이며 협력자이므로 서로서로 도와야 합니다. 우리 학교에는 언제든 도움을 요청할 수 있는 선생님과 스터디 메이트들이 있습니다. 그런 좋은 환경 안에서 얻을 수 있는 것들을 놓치지 않길 바랍니다."

멘토링 시스템으로 실력을 배가하다

앞서 언급한 '솔로몬 프로젝트'를 제일 먼저 제안한 다영이는 솔로몬 프로젝트를 진행하며 '멘토링 시스템'을 제안하기에 이르렀다. 이를 계기로 우리 학교는 아주 아름다운 전통이 만들어졌다. 교사가 어떤 제도를 만들어 학생들을 이끌고 가는 방식도 있지만, 학생들이 먼저 좋은 것을 제안하고 기획하는 과정에서 학교의 시스템으로 안착하는 경우가 많다. 학생들의 잠재력을 인정해주고 격려해줄 때 오히려 훨씬 더 창의적이고 전 학생들이 행복해하는 일들이 벌어진다.

　우리의 멘토링 시스템은 다음과 같이 이루어진다. 다영이가 멘토링을 총괄하며, 두 명의 멘토장, 이삼십 명의 멘토들이 팀을 짜서 저학년 한 반씩을 맡는다. 멘티 동생들은 멘토와 노트를 주고받으며 대화를 이어나간다. 왜냐하면 이와 같은 방법이 정기 모임을 제외하고는 따로 시간을 내는 것보다 훨씬 더 효과적이기 때문이다. 멘토장도 멘토들과 노트를 주고받으며 어떻게 진행되는지, 어려운 것은 무엇인지, 어떤 것이 더 효율적인지를 논의한다. 얼핏 보면 피라미드 조직 같지만 방사형 구조로 이루어져 있다. 상당히 효율적이면서도 유기적이며, 체계적인 멘토링 시스템이 학생들의 지혜와 논의로 움직여지는 것이 대견할 뿐이다. 다영이를 통해 멘토링 시스템의 시작과 효과에 대해 들어보자.

　"우리 학교 학생이라면 누구나 알고 있는 사자성어가 하나 있다. 줄탁동시! '병아리가 부화할 때 안에서는 새끼 병아리가, 밖에서는 어미닭이 동시에 껍질을 쫀다'라는 뜻이다. 병아리가 세상에 나가기 위해서 어미닭의 도움이 필요하듯, 아이들이 세상에서 좋은 영향력을 발휘하는 인재로 자라기 위해서는 자신의 끈기와 열정과 노력도 필요하지만 알 밖의 자신을 도와줄 사람 또한 필요하다.

　나는 멘토링 역시 수많은 알을 깨고 나올 친구들과 그 알을 깨고 나온 친구들 사이의 '줄탁동시'라고 생각한다. 어미닭은 마지못해, 억지로 알을 쪼지 않는다. 오직 곧 알을 깨고 나올 병아리들을 기대하는 마음으로 할 뿐이다. 우리 멘토 친구들도 이 어미닭과 같은 마음이다. 모두들 어느 누가 강요한 적도 없는데, 스스로 돕겠다고 땀을 흘린다. 따뜻한 온기가 느껴지는 건 멘토들 뿐만이 아니다. 우리 학교의 '멘토링'은 그 자체가 사랑이다."

멘토링은 단순히 모르는 문제를 질문하고 답해주는 것을 넘어 공부법과 공부 과정의 각 단계별 특징을 설명해주고 어떻게 발전할 수 있을지에 대해 상담해준다. 한마디로 정리하자면, 먼저 얻은 지혜를 동생들에게 기부하는 것이다. 이들은 멘토링을 통해 너도 잘되고 나도 잘되는 모두 다 잘되는 win-win의 시너지 비밀을 터득해나가고 있다.

공부할 때는 뇌를 춤추게 하는 방법을 찾아야 한다. 'Study hard'가 아니라 'Study smart'가 필요하다. 열심히 한다고 해서 최선을 다하는 것은 아니다. 혼자서만 잘되려고 하지 말고 다 같이 잘되는 길을 찾아야 하는 것이다. 솔로몬 프로젝트는 이와 같이 지혜의 나눔에 목적이 있다. 지혜는 줄수록 더 샘솟는다. 따라서 우리 학생들을 지혜의 샘으로 키워야 할 필요가 있다.

공부는 과학이다

부의 기술에도 뇌과학이 눈부시게 발전되었다. 이제 무조건 열심히 공부하는 시대는 지났다. 부모들은 자녀가 깨어 책상에 앉아 있는 시간이 곧 공부하는 시간이라고 착각한다. 이런 착각이 뇌를 지치게 하고, 때론 화나게 하고, 때론 지루하게 만든다. 뇌과학이라는 측면에서 공부의 정의를 다시 내릴 필요가 있다.

"공부란 외부로부터의 자극을 통해 뇌의 신경회로망을 만들어가는 과정이다."

세븐파워교육

뇌의 무게는 약 1.4 킬로그램밖에 되지 않지만, 전체 산소 소비량의 20%를 뇌가 사용할 만큼 가장 활동이 왕성한 인체 부위다. 뇌의 기능을 결정하는 것은 무엇인가? 공부의 뇌과학적 메커니즘을 더 잘 이해하려면 아래와 같이 뇌세포의 기본 지식이 필요하다. 우리에게 생소할 수 있지만, 이제 아래의 몇 가지 용어는 상식이 되어야 한다.

뇌신경 관련 명칭과 역할	
명칭	역할
뉴런(neuron)	정보 교환의 주체가 되는 세포
아교세포(glial cell)	뉴런의 역할을 강화
시냅스(synapse)	뉴런과 뉴런을 잇는 공간
신경전달물질(neurotransmitter)	시냅스에서 신호를 전달
신경세포 성장인자(BDNF)	뉴런의 생성과 성장에 관여

신경전달물질 및 역할		
전달물질	역할	증상
도파민	쾌감을 자극	의욕이 넘친다
노르아드레날린	놀람, 분노 등 각성 중추를 자극	불안감을 느낀다
세로토닌	감성계를 자극	건전한 기분이 든다
아세틸콜린	신경세포의 활성화를 도움	머리가 맑아진다
L-글루타민	정보를 전달하는 전통적 작용	평상시 마음
가바	흥분을 가라앉힘	긴장이 풀린다
엔도르핀	감각 마비	편안하다

뇌세포는 약 10%의 신경세포인 뉴런과 90%의 아교세포로 구성되어 있다. 구조는 다음 그림과 같이 생겼는데, 세포체에서 뻗어 나온 수많은 돌기들이 바로 정보를 주고받는다. 다른 뉴런으로부터 정보를 받는 부분을 수상돌기(dendrite)라 하고, 또 다른 뉴런으로 정보를 보내는 부분을 축색 혹은 축색돌기(axon)라 부른다. 축색을 감싸고 있는 것이 아교세포 미엘린(myelin)이다.

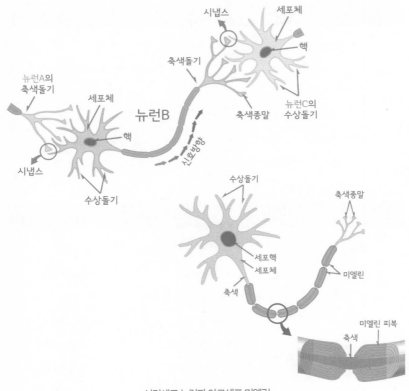

신경세포 뉴런과 아교세포 미엘린

세븐파워교육

아교세포는 뉴런을 감싸고 지지해주는 역할, 뉴런에 산소와 영양을 공급하는 역할, 뉴런의 정보가 새나가지 않도록 하는 절연체 역할, 손상된 부위를 복구하고 죽은 뉴런을 제거하는 역할 등을 담당한다. 한마디로 아교세포가 없다면 뉴런은 제기능을 발휘하지 못한다. 우리가 새로운 운동을 배우거나, 외국어 단어를 외우거나, 수학 문제를 풀 때 반복적인 연습이 필요한 이유는 그것이 미엘린을 강화시키기 때문이다.

결국 더욱 똑똑한 머리를 만들려면 건강한 뉴런, 아교세포, 신경전달물질, 시냅스, 신경세포 성장인자의 조합을 최적화시켜야 한다(신경세포 성장인자에 대해서는 바디 파워의 '운동의 뇌과학'에서 조금 더 다룰 것이다).

결국 학습의 효과를 극대화하려면 뇌를 잘 다스려야 하는데, 뇌를 잘 다스리는 방법을 몇 가지로 요약해본다면 다음과 같다.

- 지속적으로 뉴런을 자극하라.
- 새롭게 뇌를 자극하여 뉴런 간의 연결을 촉진시켜라.
- 반복 연습으로 미엘린을 증가시켜 정보 흐름의 고속도로를 만들라.
- 평안한 마음은 세로토닌이 많이 생성되게 하여, 시냅스에서의 정보 흐름을 좋게 한다.

학습의 메커니즘

뉴런은 뇌세포를 구성하는 가장 핵심적인 신경세포다. 인간은 태어날 때

약 1,000억 개의 뉴런을 가지고 태어난다고 한다. 뉴런의 정보 전달 능력은 매우 뛰어나서, 우리는 이 능력 덕분에 몸을 움직일 수 있고 생각할 수 있다. 뉴런은 신경세포체와 정보를 받아들이는 수상돌기, 정보를 내보내는 축색돌기로 이루어져 있다.

이 중 신경세포체는 세포를 관리하고 신호를 연합하여 새로운 신호를 축색돌기로 보내는 것은 물론, 뉴런이 일을 잘할 수 있도록 에너지를 만들어 공급한다. 수상돌기는 다른 뉴런의 신호를 받아 세포체로 보내는 일을 한다. 수상돌기를 통해 받아들여진 정보는 세포체를 거쳐 축색돌기로 내려간다. 축색돌기는 다음 뉴런의 수상돌기와 만나 시냅스를 통하여 신호를 전달한다. 시냅스는 축색돌기 말단과 다음 뉴런의 수상돌기 사이의 연접 부위를 가리키는 말로, 그 부분은 물리적으로 붙어 있는 상태가 아니라 100만분의 1인치 정도의 틈이 존재한다. 이 틈에서는 신경전달물질이 전기적 신호를 화학적 신호로 바꾸어 정보를 운반해준다. 정보가 뉴런에서는 전기적 신호로, 시냅스에서는 화학적 신호로 변환을 반복하며 전달된다. 이런 식으로 해서 정보는 A뉴런에서 B뉴런으로, B뉴런에서 C뉴런으로 연결되며 신경회로망을 만드는 것이다.

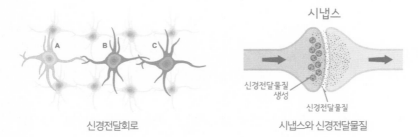

신경전달회로   시냅스와 신경전달물질

우리의 정신 활동에 있어서 신경전달물질은 매우 중요하다. 공부에 깊이 관련되어 있는 신경전달물질의 종류는 아드레날린(흥분), 노르아드레날린(분노), 도파민(쾌락, 만족), 세로토닌(행복) 등이 있다. 이 중에서 공부에 가장 큰 영향력을 미치는 물질은 세로토닌이다.

평안함이 중요하다

스트레스를 받는 환경에서는 뇌가 위축된다. 스트레스가 많은 환경에서 사는 사람은 늘 기운이 없다. 시간을 투자한 만큼 결과는 만족스럽지 못하고, 마침내는 화가 치밀어 오른다. 뭔가 잡히는 대로 때려 부수고 싶어진다. 왜 그럴까? 뇌 속에 방해꾼이 나타났기 때문이다. 바로 코르티솔이나 노르아드레날린 과다 분비가 겉으로 표현되는 것이다. 한마디로 뇌신경회로가 뻑뻑해져 암기해야 할 정보 흐름이 원활하지 못하게 된 것이다. 수도관이 막혔는데 물이 저장 탱크로 갈 리가 없듯이, 지식 정보가 단기 기억 장치인 해마를 지나 빨리 전두엽 창고로 가야 하는데 버거워하는 것이다.

해결책이 없는 것은 아니다. 스트레스 요인을 없애주고, 공부에 적합한 신경전달물질로 대체시켜 뇌신경세포 간의 연결과 흐름을 정상화시키면 된다. 즉, 세로토닌을 증가시켜 신경 회로를 뚫어주어야 한다. 막혀 있는 길로 지식을 통과시키려니 투자하는 시간에 비해 효과가 미비한 것이다. 『세로토닌하라』의 저자 이시형 박사는 세로토닌을 행복물질, 조절물질 그리고 공부물질이라고 말하고 있다. 세로토닌을 조절물질이라 부르는 이유는 세로토닌이 정서적 혹은 감정적인 행위, 수면이나 기억, 식욕조절 등에 관여하여 생기와 활력을 주기 때문이고, 공부물질이라 부르는 이유는 노르아드레날린이나 도파민 같은 분노나 격정적인 신경전달물질의 과잉분비를 조절하여 차분하게 만들어주며 창의력과 집중력을 갖게 하기 때문이다. 또한 도파민의 격정적 환희보다는 온화한 행복을 느끼도록 만들어서 행복물질이라고 불린다. 세로토닌이 우리의 삶에 미치는 영향을 정리해보자.

- 마음이 편안해진다.
- 스트레스, 흥분, 분노의 상태에서 평정심을 찾게 해준다.
- 우울한 기분을 사라지게 한다.
- 사랑과 행복의 감정으로 인해 활력이 생긴다.
- 자신감과 어려움을 이겨내는 내성이 강해진다.
- 부정에서 긍정적 감정을 갖게 된다.
- 대인관계에 좋은 영향을 미친다.
- 집중력이 좋아져서 공부의 효과가 좋다.

따라서 자녀 또는 학생에게 무슨 수를 써서라도 세로토닌 환경을 만들어줄 필요가 있다. 세라토닌 환경을 만들기 위해서는 어떻게 해야 할까? 우리 만방학교에서 쓰는 방법을 소개하겠다.

- 충분한 수면을 취하게 한다. 일찍 자고 일찍 일어나도록 한다.

세븐파워교육

- 아침에 일어나 신체를 활성화한다(아침 6시에 일어나 30분간 조깅하고 샤워한다).
- 식사 시간을 즐겨라. 친구들과 대화하며 스트레스를 푸는 시간이다.
- 리듬 운동을 가볍게 해라(매일 오전 10시 10분이면 중간 체조를 한다).
- 배 속까지 깊은 심호흡을 해라. 매일 오후에는 심호흡과 함께 안구 체조를 한다.
- 좋은 음악을 생활화하라(우리 학교는 전교생이 합창단원이다. 교사 합창단도 있다).
- 점심식사 후에는 30분 이내의 낮잠을 잔다.

세로토닌 환경을 만들어주는 것은 '평안'이라는 키워드와 연결될 수 있을 것이다. 자녀 또는 학생이 공부를 잘하길 원한다면, 이 키워드를 반드시 기억하자. 영혼과 마음이 평안할 때, 공부의 능률도 극대화된다.

위클리 테스트와 생활 그래프

세로토닌 환경에 이어 적절한 자극이 뇌를 활성화시킨다. 이에 우리는 위클리 테스트, 즉 주말 시험을 본다. 일주일 동안 공부한 것에 대한 평가로서, 등수에 연연하지 않고 스스로 도전하게 한다. 이 제도는 여러 가지로 유익한 면이 있다. 대부분의 학교는 중간고사와 기말고사로 학생들의 성적을 매기는데, 이것은 아이들을 종종 벼락치기의 함정에 빠지게 만든다. 이러한 방법은 장기 기억에 별 도움이 안 된다. 왜냐하면 스트레스로 인해 코르티솔 호르몬이 과도하게 분비되어 결국 단기 기억을 관장하는 해마에 손상을 입히기 때문이다. 그래서 시험을 보고 나면 깨끗이 잊어버리고 마는 것이다.

하지만 주말 시험은 다르다. 매주 도전, 긴장, 성취감을 맛본다. 위클리 테스트는 뇌에 부담을 주면서 자발적인 공부를 가능하게 한다. 강요에 의한 억지 공부가 아니라 능동적인 공부 연습을 하게 하는 것이다. 오히려 매주 보는 시험에 더 스트레스를 받지 않겠느냐고? 그렇지 않다. 중간고사나 기말고사는 다른 사람들과 내 점수를 비교한 등수에 민감해지는 시험이지만, 위클리 테스트는 내 이전 점수와 새로운 점수를 비교하는 시험이기 때문이다.

예를 들어, 지난주보다는 '5점 더 올려보자'라는 도전을 한다든지, 자신의 공부법에 문제가 있다면 바꿔보든지 내적 동기유발이 발생하게 된다. 남과의 비교는 늘 자신을 피곤하게 만들지만 자기 자신과의 비교는 이전보다 더 나은 발전을 도모하게 되어 있다.

위클리 테스트의 장점은 더 있다. 학생들의 정서 변화를 체크할 수 있다는 것이다. 위클리 테스트의 그래프는 단순한 성적 그래프가 아니다. 예를 들어 첫 번째 시험 성적이 좋았던 친구가 시간이 지나면서 성적이 떨어진다면 향수병, 친구관계, 질병, 고민 등을 생각해볼 수 있다. 위클리 테스트는 매주 이루어지기 때문에 감정의 기복이나 가족과의 갈등, 건강 상태 등을 비교적 자세히 반영할 수 있다. 그렇기 때문에 '성적 그래프'는 '생활 그래프'라는 공식이 성립되는 것이다.

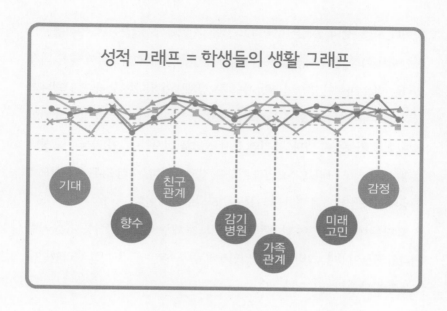

사람마다 지문이 다르듯이, 각 학생들의 성적 그래프도 각기 다른 형태를 띤다. 다음의 그래프를 먼저 보자.

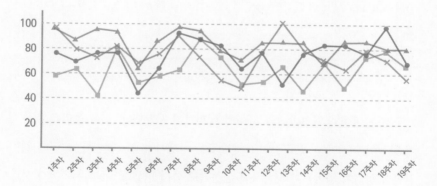

매 주마다 큰 차이를 보이고 있다. 들쭉날쭉한 것이 마치 불규칙한 톱날 모

양이다. 이 학생의 성적은 어떻다고 말할 수 있을까? 단순히 성적의 평균을 계산해서 이 학생의 성적을 60점이라고 말할 수 있을까? 성적이 좋을 때가 있다는 것은 마음만 먹으면 잘할 수 있는 잠재력이 있다는 뜻이다. 그렇다면 성적의 기복이 심한 원인을 분석해볼 필요가 있는 것이다. 우선 감정의 변화 폭이 심할 가능성이 있다. 그러면 즉시 상담을 실시한다. 이 학생과의 상담 결과, 역시 친구 그리고 부모님과 갈등을 겪고 있었다. 이런 경우 우선적으로 학생의 마음을 터치해 평안을 되찾도록 도와주어야 한다.

또 다른 예가 있다. 이 학생은 두 달 정도는 매주 성적이 바닥을 기는 지렁이과의 학생이었다. 그러나 무슨 일인지 10주차부터 바닥을 치고 올라가는데 모두가 깜짝 놀랄 정도였다.

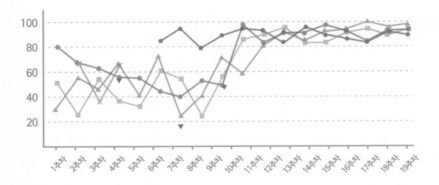

우리는 이 학생의 Before와 After를 살펴보기 시작했다. 더욱 놀라운 것은 이 학생이 이전에는 욕도 잘하고 심술궂은 학생이었다는 것이다. 그런데 웬일인지 성적이 좋아지기 시작하면서 성격도 함께 변했다. 욕과 비속어가 사라졌고 친구들에게 배우려는 자세를 가지고 있었다. 교사들이 파고들어 밝혀

세븐파워교육

낸 변화의 원인은 '모범적인 룸메이트'였다. 성적이 좋고 모범적인 룸메이트와 생활하면서 자연스레 그 아이의 생활을 관찰하기 시작했다고 한다. 그러고는 '친구 따라하기 프로젝트'에 돌입했다고 한다. 그 결과, 드디어 공부 방법을 터득하였고 그 이후부터 성적의 고공 행진이 이어진 것이다.

도파민의 강화 학습이란 개념을 아는가? 일단 한번 성취감을 느끼면 도파민이 분비되어 기쁨과 쾌감을 얻게 된다. 그러면 그다음에도 그런 쾌감을 느끼고 싶은 욕구가 생긴다. 이것을 도파민의 강화 학습이라고 하는데, 한 번 학습목표를 성취한 학생은 더 이상 공부 잔소리를 하지 않아도 왕성해진 뇌의 기능으로 스스로 공부한다는 것이다. 이런 경우, 우리는 강화 학습의 사이클이 작동하기 시작했다고 말한다.

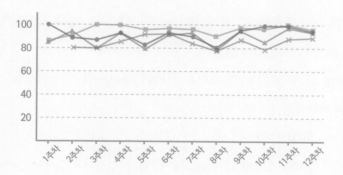

세 번째 예를 들어보자. 이 학생은 성적도 좋고 안정적이다. 크게 요동하지 않는 그래프를 보여주고 있다. 심적으로는 매우 안정적인 학생이라는 것을 알 수 있다. 그런데 이렇게 높고 안정적인 성적도 지나친 경우, 문제를 의심할 수 있다.

이 학생은 남들과의 경쟁에서 이기고 싶어 하는 이기적 성향이 있는 편이었다. 그렇다면 이 학생의 어떤 부분을 터치해야 할까? 이런 학생은 공부의 목적을 점검해주어야 한다. 남들과의 경쟁에서 이기려고 학습하는 것이 아니라, 남을 도울 수 있는 마음의 폭을 넓혀주어야 한다. 이때부터는 모든 교사들은 이 학생을 돕기 시작한다. 부모와 긴밀히 연계하여 이 학생의 인생 스토리, 가정환경, 부모의 자녀교육 히스토리를 종합하여 '트랜스포메이션' 프로세스에 들어가는 것이다. 감사 훈련과 함께 눈에 보이는 문제 해결을 위한 상담과 목적 지향의 상담을 병행해나간다. 리더가 되어가도록 돕는 것이다.

선생님들의 노력 끝에 이 학생은 변했다. 성적뿐만 아니라 친구관계도 더 좋아졌다. 자기의 실력을 후배들에게 나누어주는 마음 따뜻한 학생으로 변모했다. 이 학생이 바로 솔로몬 프로젝트, 멘토링 시스템 등을 제안한 다영이었다. 처음 학교에 입학했을 때 까칠한 인상이 기억난다. 그러나 지금 그의 얼굴은 정말 놀랍도록 밝아졌다.

솔로몬 프로젝트를 위한 세미나 시간에 다영이는 그 자리에 모인 신입생들에게 이런 질문을 하였다.

"공부는 왜 하는가?"

많은 신입생들이 뻔한 답변들을 늘어놓았다. 성공하기 위해서, 꿈을 이루기 위해서, 취직하려고, 경쟁에서 이기려고…. 신입생들의 답변을 듣고 다영이는 이렇게 이야기했다.

"저는 공부란 영향력을 넓히기 위해서 하는 것이라고 생각합니다."

공부의 영역을 넓히는 것은 곧 영향력을 넓히는 것과 같다. 영어만 하는 사람보다 영어와 중국어 둘 다 하는 사람이 아무래도 더 많은 영향력을 미치지 않겠는가? 이런 마음가짐으로 공부를 하니 공부 능률은 따놓은 당상 아니겠는가. 다영이가 아직 어린 나이에 이런 깨달음을 얻었으니 대견하기 이를 데 없다.

토론식 수업으로 뇌를 자극하다

여기서 만족해서는 안 된다. 뇌를 자극하고 생각을 만들어내는데 있어 토론만큼 좋은 것은 없다. 자신의 주장을 뒷받침하는 근거를 생각해내고, 상대방의 주장을 반박하기 위해 논리를 쌓아나갈 때 초강력 뇌 자극이 이루어진다. 그래서 생각하게 된 것이 '토론식 수업'이었다. 그런데 문제는 한국, 중국 할 것 없이 동양인들은 토론을 어색해한다는 것이다. 대부분의 동양인들은 '내 생각이 틀리면 어떡하지?', '내가 이 말을 하면 친구들이 어떻게 생각할까?' 하며 토론도 소심하게 한다. 그렇다고 쭈뼛거리는 학생들을 무작정 다그칠 수는 없는 일이었다. 다그칠수록 주눅들 것이 뻔하기 때문이다. '어떻게든 학생들이 수업 시간에 능동적으로 참여하게 해야 하는데 좋은 방법이 없을까?' 여러 가지로 연구한 끝에 매 수업 시간을 개별로 강의를 듣는 방식에서 5~6명씩 하나의 소그룹으로 묶는 모둠식 수업방식으로 만들어주었다. 그러면 모든 학생들 앞에서 의견을 말하는 것보다 부담이 줄어들기 때문이다.

물론 이 방식만으로는 충분하지 않다. 교수 전개 흐름을 철저히 바꾸어야 한다. 선생님의 강의는 40분 중 20분 이내로 줄이고 나머지 시간은 학생들에게 내어준다. 학생들은 각 그룹별로 선생님이 미리 내준 예습 주제에 따라 토론하며 문제를 해결하고, 그것을 전체 학생들 앞에서 발표한다. 그러면 다른 그룹의 학생들이 듣고 질문을 하거나 의견을 내놓는다. 이때 선생님은 필요에 따라 코멘트를 주거나 가이드하는 방식을 취한다.

이 과정에서 학생들은 놀라울 정도로 적극적으로 수업에 참여하게 되고, 배움의 효과가 몇 배로 커진다. 각자 맡은 임무가 있기 때문에 수업 시간에 딴청을 부릴 수가 없다. 꾸벅꾸벅 조는 경우는 더더욱 찾아보기 힘들다. 조금이라도 모르는 부분이 생기면 그때그때 다른 그룹 친구들의 도움으로 해결하게 되기에 배움의 성취도도 높아진다. 따라서 수업의 집중도는 물론, 현장 암기가 돼버린다. 대신 교사는 주입식 강의를 할 때보다 수업 준비를 훨씬 더 많이 해야 한다. 수업의 질이 180도로 달라지는 것이다. 학생들은 수동적으로 선생님의 가르침을 받아먹는 것보다 주도적으로 습득하는 데 더욱 흥미를 갖게 되고, 배움의 희열을 느끼게 되는 것이다.

토론식 교육 현장을 모든 학부모들에게 공개한 적이 있다. 수많은 학부모들이 와서 함께 수업을 참관했다. 7학년 중국 어문 담당교사인 왕야나 선생은 아주 숙련되게 미리 준비한 예습 주제를 각 소그룹에게 나누어주고 핵심 과제를 설명한 후 학생들 스스로 토론하게 하였다. 일정 시간이 지난 후 그룹별로 어떤 학생은 발표하고, 또 어떤 학생은 칠판에 발표 내용을 요약해서 쓰고, 또 어떤 학생은 발표 내용에 대해 질문을 했다. 때론 아주 팽팽하게 주장과 반박이 오가는 공방전이 벌어지기도 한다. 어떤 그룹은 순발력 있게 자신들이 맡은 과제를 연극 방식으로 발표하기도 한다. 그러면 팽팽하던 분위기는 온데간데없고 학생들의 웃음소리가 교실을 가득 채운다. 놀라운 것은 이 모든 것을 학생들이 스스로 한다는 것이다.

그러면 수업 시간에 교사가 하는 일은 뭘까? 교사는 각 그룹이 발표를 하는 과정에서 코멘트도 해주고 또 잘못 표현된 부분을 바로잡아 주기도 한다. 그리고 마지막으로 수업 내용을 총정리할 수 있도록 가이드를 해준다. 즉, 수업에서 학생은 주인이고, 교사는 코치가 되는 것이다.

충현이는 아주 내성적이고 조용한 학생이었다. 그런데 토론식 교육을 시작한 이후로는 발표력이 부쩍 늘었을 뿐만 아니라 중국 학생들보다 중국어를 더 잘 구사한다는 말을 듣곤 한다. 요즈음 그의 별명은 '토론의 달인'이다. 충현이가 토론 교육에 대한 자기의 경험을 이렇게 나누었다.

"우리 학교에는 아주 많은 교육 특색이 있습니다. 하지만 그중에서 가장 최근에 생긴 것은 바로 '토론식 교육'입니다. 처음에 토론식 교육을 실행할 거라는 소식을 들었을 땐 많은 친구들이 무척 좋아했습니다. 이유는 단 하나, 친구들과 더 많은 이야기를 나눌 수 있기 때문이죠. 저도 엄청 기대가 되었습니다. 그룹 배정이 되고, 저는 조원과 자리가 너무 마음에 들었습니다. 처음에는 나의 의견이나 생각을 나누는 대신, 친구들과 떠들고 놀 수 있는 유일한 길이 되었다고 생각했습니다. 그 후 학교 선생님들은 토론식 교육을 더 효율적으로 하기 위해 수업 전날에 토론 주제를 나눠주셔서 예습까지 할 수 있게 하셨습니다. 토론 주제가 처음 생겼을 때도 별로 마음에 들지 않았습니다. 주입식 교육에 익숙해서인지 공부하는 맛을 느끼지 못했기 때문이었습니다.

하지만 교장 선생님이 토론 교육을 매우 강조하시고 선생님들의 강한 의지와 함께 계속해서 토론 수업 방식을 조금씩 개선해나가자 저는 변하게 되었습니다. 일 년이라는 시간 동안 적응이 되면서 점점 더 적극적으로 변한 것입니다. 나의 의견을 친구들에게 이야기하고, 같은 문제를 토론하고, 다른 관점으로 문제를 바라볼 수 있다는 게 너무 좋았습니다. 선생님께서 미리 나누어주신 토론 주제 내용은 예습하는 데도 큰 도움이 되었습니다. 교과서가 더 자세히 읽힐 뿐만 아니라, 더 자연스럽게 외워졌습니다. 지금은 토론식 수업 덕분에 공부가 더 효율적이고, 문제를 판단할 때의 보는 관점도 많이 달라졌습니다. 이런 교육을 만들어주신 것에 감사합니다."

여러 시행착오를 거쳤지만 교사들의 노력과 학생들의 참여로 토론 수업이 잘 안착할 수 있었다. 토론 수업을 도입한 후 학생들의 평균 성적이 오른 것은 물론이다. 그뿐만 아니라 신기하게도 평소에 산만해 보이던 학생들의 집중력이 눈에 띄게 좋아졌다.

상대성원리가 어떻게 탄생하게 됐는지 아는가? 어떤 사람이 상대성원리를 어떻게 만들어냈는지 질문했을 때, 아인슈타인은 이렇게 대답했다고 한다.

"나는 몇 날 몇 년 동안 생각하고 또 생각한다. 그러다가 99번은 그릇된 결론을 얻는다. 마침내 100번째에 이르러서야 옳은 결론에 도달하게 된다."

그렇다. 뇌는 생각한다. 고로 존재한다. 뇌를 활성화시키기 위해서는 아이들이 생각을 하도록 만들어야 한다. 생각은 뇌에 지속적인 자극이 된다. 기억하는가? 공부 능률을 높여주는 뇌과학의 키워드는 '행복'과 '자극'이다. 자녀 또는 학생에게 공부하기를 닦달하기에 앞서 뇌의 가려운 데를 긁어주고, 충분한 행복을 느끼게 만들어주고, 뇌를 자극하여 뇌의 신경회로를 더욱 풍성하고 견고하게 만들기 위해 노력하라.

뇌 사랑 프로그램을
개발하라

"안녕하세요. 제 이름은 다니엘이고, 유대인입니다. 다니엘 헤니를 비롯해 지구상에 다니엘이라는 이름은 나 때문에 나온 거예요. 나는 지금으로부터 2천6백여 년 전에 태어났습니다. 나의 조국 유다는 바빌로니아에 정복당했습니다. 그때 저는 한참 꿈 많은 청소년기를 막 지나고 있었지요. 저는 포로로 예루살렘을 떠나 바빌론으로 잡혀왔고, 노예생활을 시작했습니다. 그런데 왕립학교가 세워졌어요. 3년 과정의 특수학교였죠. 아마 정복당한 타민족들의 왕족이나 귀족 출신 자제들을 뽑아 교육시켜 꼭두각시 지도자로 만들 속셈이 있었던 모양이에요. 나를 비롯하여 다른 세 명의 유대인 친구들이 선발되었고, 학교생활을 하며 공부하게 되었죠. 기숙사도 아주 좋았고, 최고 대우를 받으며 생활할 수 있었어요. 정복당한 이집트 귀족들을 포함한 다민족 학교라고 볼 수 있어요.

우리 민족의 독립을 기대하며 그곳에서 열심히 공부하기로 했습니다. 나는 이곳에서도 조국에서부터 물려받은 모태신앙을 버리지 않으려고 부단히 노력했습니다. 하루에 세 번씩 예루살렘을 보면서 조용히 기도하는 시간도 가졌으니까요. 덕분에 시간관리와 철저한 자기관리가 가능했어요. 유대인들이 전통적으로 가지고 있는 생활습관이 몸에 배어 있어서 왕립학교에서도 공부를 썩 잘했답니다.

물론 문제가 없지는 않았죠. 무엇보다 큰 문제는 먹는 것이었습니다. 매일 고기 종류와 포도주를 마셔야만 했지요. 그래서 나와 친구들을 관리하는 매니저에게, 우리는 콩을 위주로 하는 채소와 물을 먹겠다고 간청했죠. 그랬더니 그 매니저가 망설이며 혹시 왕에게 혼나진 않을까 두려워하더군요. 그래서 그에게 말했죠. 열흘만 시험해보라고. 진짜 열흘 뒤 평소대로 고기와 술을 먹는 학생들과 저희 네 명의 얼굴색을 비교했어요. 아, 그런데 우리가 다른 학생들보다 훨씬 피부도 좋고 생기가 넘치는 거예요. 고기 대 채소, 술 대 물, 어느 쪽이 좋겠어요? 당연히 채소와 물 아니겠어요? 피부는 그야말로 윤기가 반짝일 정도였죠. 충분한 수분 섭취도 몸을 건강하게 하는 데 큰 역할을 했죠.

성적이요? 두말하면 잔소리죠. 우리 네 명이 1등에서 4등을 다 차지했으니까요. 매일 술과 고기만 먹고, 게다가 운동까지 안 하는 학생들과는 비교도 되지 않았죠. 우리는 여러 나라 언어를 할 수 있을 뿐만 아니라 지혜가 정말 풍부해졌답니다. 세계 최강국의 학문을 배워 당대 최고의 지식인이 된 셈이죠. 이 모든 것이 다 우리 아버지, 할아버지로부터 물려받은 생활습관 덕분입니다. 이 모든 것은 저희가 잘나서 그런 것이 아닙니다. 우리 조상이 대대로 섬겨온 하나님께 감사할 뿐입니다."(성경 속 인물인 다니엘의 이야기를 스토리텔링 형식으로 재구성해봤다.)

전 세계인이 유대인의 교육법에 주목하고 있다. 유대인의 교육은 토라나 탈무드를 매체로 식사 시간이나 잠자리에 들기 전 시간마다 부모가 자녀들과 질문을 주고받으며 토론하는 공부 방식을 취한다. 가정에서 이루어지는 자연스러운 토론은 공부의 동기를 부여하고 계속 뇌를 자극해 암기력과 창의력을 탁월하게 키워준다. 한마디로 질문과 토론을 통해 뇌신경회로망을 활발하게 하면 브레인 파워가 커질 수 있다는 말이다.

그러나 이것들이 다가 아니다. 그들의 생활습관 속에서도 브레인 파워의 비결을 찾을 수 있다. 그들의 음식문화, 자기절제의 생활화, 기도생활 등이 그들의 브레인 파워를 높여준다. 한마디로 그들은 생활의 현장 자체가 브레인 파워를 높여주는 환경으로 둘러싸여 있다고 볼 수 있다. 그중에서도 우리가 주목하여야 할 것은 '식습관'이다.

우리 가족의 식습관을 체크해보자. 아침은 거르기 일쑤고, 고기와 인스턴트 음식이 주를 이루지는 않는가? 한국의 대부분의 아버지는 직장생활에 시달려(엄밀히 말하면 동료들 성화에 시달려) 술에 절어 밤늦게 들어오는 것이 일상이다. 엄마는 TV 드라마에 혼이 빠져 있다. 아이가 학원에서 돌아오면 과일이

나 주스를 마련해주고 '들어가 어서 공부하라'고 또 다그친다. 한마디로 "오, 마이 갓"이라는 말밖에 나오지 않는다. 대한민국의 모든 자녀들은 그래서 위대하다. 이런 환경 속에서도 피터지게 공부하고 있으니 말이다.

뒤이어 나오는 챕터에서 더 자세히 설명하겠지만 유대인은 어려서부터 매우 엄격하게 식습관 훈련을 받는다. 먹어야 하는 음식과 먹지 말아야 할 음식이 구분되고, 청결과 신선을 우선으로 한 식재료를 사용한다. 이런 식습관에서 브레인 파워가 시작되는 것이다. 브레인 파워를 키우려면 식습관을 개선하는 것이 매우 중요하다. 우리가 기숙사 생활을 강조하는 이유가 있다. 가정에서 여러 사정으로 부모가 식습관을 바로잡아주지 못하는 아이들의 경우, 학교에서 생활하며 교사들이 식습관을 대신 잡아줄 수 있기 때문이다. 뇌에 공급되는 영양, 산소 공급을 빼놓고 브레인 파워를 말할 수 없다. 또한 뇌의 휴식을 무시해서는 안 된다. 대한민국 학생들의 뇌는 처참하리만큼 지쳐 있다. 다시 일으켜야 한다. 지치지 않는 브레인 파워를 갖도록 해야 한다.

다니엘은 채식 위주의 식습관을 가졌다. 유대인이라고 해서 고기를 안 먹는 것은 아니다. 그러나 상황상(당시 왕이 먹는 음식을 먹는 것은 우상숭배와 같았으므로) 다니엘은 채식과 물을 많이 섭취하기로 마음먹었다. 여기에 커다란 브레인 파워의 비밀이 숨어 있다. 유대인의 국민 음식으로 팔라펠(falafel)이라는 음식이 있는데, 콩을 갈아 만든 가루에 파슬리, 마늘, 양파 등을 이용한 채소 완자다. 또 그들이 가장 즐겨먹는 소스로 후무스라는 것이 있다. 으깬 병아리콩과 마늘, 올리브유, 소금 등으로 만든 소스인데, 모든 음식의 감칠맛을 내주는 데는 으뜸이다. 팔라펠, 올리브, 샐러드 등을 피타빵에 싸서 먹어 보시라.

이는 식물성 단백질이 풍부한 맛있는 브레인 파워를 강화하는 음식이다. 우리나라의 비빔밥에 해당한다고 볼 수 있다. 사실 한국인의 전통적인 식습관은 두뇌 친화적이었다. 하지만 사회가 현대화, 도시화가 되면서 전통적인 식습관에서 벗어나 인스턴트, 육류 위주의 식습관으로 변화된 것이다.

뇌는 채식주의자라고 볼 수 있다. PD이자 교수인 장보근 씨는 브레인 게이트로 유명한 미국 사이버키넥스사와 하버드대학 뇌 영상 센터 등을 어렵게 취재하며 「또 하나의 우주, 뇌」라는 다큐멘터리를 제작했고, 그의 저서 『뇌를 살리는 부모, 뇌를 망치는 부모』에서는 채식이 브레인 파워에 얼마나 큰 영향을 미치는지 잘 보여주고 있다. 책에 의하면, 미국 보스턴에서 한 연구팀이 채식을 하는 아이들의 IQ를 검사한 결과 평균 116이라는 높은 수치가 나왔다고 한다. 그러나 채식을 하지 않는 같은 또래 아이들은 이 아이들보다 1년 정도 지능 발달이 뒤처졌다고 한다. 쥐를 대상으로 실험했는데, 역시 식물성지방산인 리놀렌산을 투여한 쥐가 동물성지방을 투여한 쥐보다 기억력과 인내력 등이 높은 것으로 나타났다.

뇌가 똑똑해지려면 불포화지방산이 필요한데, 이것은 육류보다 식물에 풍부하다. 불포화지방산이 신경세포를 유연하게 하여 뇌기능을 좋게 하는 반면에, 육류에 포함되어 있는 포화지방산과 콜레스테롤은 뇌신경세포 간의 연결을 원활하게 해주는 세로토닌 같은 신경전달물질 분비를 낮게 하여 학습 능력을 떨어뜨린다. 또한 뇌혈관까지 좁아져서 뇌혈류량 및 산소 공급에 문제를 일으켜 뇌의 노화를 촉진한다.

우리 학교는 유대인들의 식습관을 적용하기로 했다. 유대인들이 정한 청정 음식을 '코셔(Kosher)'라고 하는데, 이는 '먹기에 합당한 식품'이라는 뜻이다. 토라의 레위기에 잘 정리되어 있다. 이곳을 읽다 보면 재밌는 사실을 발견하기도 하는데, 동물의 내장과 기름, 즉 지방 덩어리를 사람이 먹지 못하도록 규정하고 있다. 신에게 제사를 지낼 때 제단 위에서 이것들을 태우라는 것이다.

한국에는 삼겹살, 곱창, 막창을 파는 식당들이 골목마다 즐비하다. 그들이 믿는 종교의 율법 때문에 이 고소하고 매혹적인 음식을 먹을 수 없다니, 한때는 유대인들이 불쌍하다고 생각해본 적도 있다. 그런데 이것들을 먹지 않는 게 좋다는 과학적인 사실이 발견됐다. 모든 동물은 사람의 체온보다 2~4도가 높은 38~42도 사이에 분포를 하게 된다. 이러한 온도에서 있던 지방을 사람이 흡수하게 되면 상대적으로 낮은 체내 온도에서 동물성 지방이 끈적거리게 되어, 혈전이 쌓이고 심혈관 계열의 질병을 초래하게 된다는 것이다.

요즈음은 국제적으로 코셔 식품의 인기가 상당하다. 어떤 식품이 소위 코셔 인증을 받으면 그 식품이 유기농법에 의해 청정하게 생산된 건강식품이라고 간주한다. 가축을 키워도 청정 사료만을 이용해야 한다. 요즘같이 가축에 함유되어 있는 환경호르몬의 문제가 심각한 이때에 유대인들의 식습관은 이제 문화를 넘어 세계적인 상품 가치로도 인정받고 있다.

다니엘 프로젝트

우리 학교는 매 학기마다 한 달씩 현미와 두부 및 채식을 강조하는 기간으로 정했다. 물론 평소에도 채소와 과일을 반드시 먹지만, 이 기간 동안에는 가공식품을 먹지 않고 채식 위주의 식단으로 식사를 하는 것이다. 학교의 카페테리아에서 아침, 점심, 저녁을 해결해야 하기 때문에 어떤 학생도 열외가 될 수 없다. 튀기거나 자극적인 음식, 과자, 아이스크림 등 군것질을 좋아하는 아이들이 이 프로젝트로 인해 스트레스를 받지 않느냐고? 아니다. 오히려 이 프로젝트를 통해 많은 아이들이 그 효과를 체험한다.

예주라는 학생이 채식을 시작한 지 보름 정도 되었을 때 나를 찾아왔다.

"선생님, 다니엘 프로젝트를 시작한 지 2주일이 지났는데 벌써 몸의 변화가 감지되고 있어요."

"무슨 변화가 일어나든?"

"첫째로는 예전보다 수업 시간 때 졸지 않아요. 집중력이 좋아지기 시작하나 봐요. 그리고 밤에 잠이 들 때까지 오래 걸리는 편이었는데 지금은 누우면 그냥 바로 잠들어요. 이대로라면 2달 후에는 충분히 집중력이 엄청 향상될 수 있을 것 같아요."

"분명히 그렇게 될 거야. 이미 많은 학생들이 집중력과 성적이 좋아진 것을 경험했으니까."

"피부도 매끈매끈해졌어요. 부끄럽지만 무엇보다 화장실에서 아주 편안한 시간을 보낸답니다. 고놈들이 아주 그냥 쑤욱! 킥킥킥."

"배변 활동이 좋아지는 이유는 알고 있겠지? 채소에는 식이섬유가 많아서 변의 유동성을 좋게 해주거든. 그래서 변비도 없어지는 거야."

"요즘, 너무 행복해요. 헤헤."

요즘 우리 주변에는 브레인 파워를 약하게 만드는 식품이 너무나 많다. 가장 쉽고 빠르게 어디서나 구할 수 있는 가공식품과 인스턴트가 제일 큰 문제다. 여기에 각종 첨가제들 또한 문제가 많다. 이 음식들에 들어 있는 트랜스지방도 큰 골칫거리다. 세포막을 약화시키고 염증을 유발하고 신경전달물질의 합성을 방해하는 용서 못할 놈들이다. 공부란 건강한 뇌신경세포 간의 시냅스의 접속 활동을 강화시키는 과정인데, 여기서 세로토닌 같은 공부에 유익한 신경전달물질 분비가 불량해진다고 생각해보라. 결국 불량 뇌가 돼버리는 것이다. 뇌를 망치고 싶다면, 열심히 인스턴트를 즐겨도 좋다.

다니엘 프로젝트 이수자 효과분석

매 학기, 한 달씩 시행하는 다니엘 프로젝트. 처음엔 힘들어하던 학생들도 스스로 체험한 효과 덕에 즐겁게 참여한다.

중독의 함정을 멀리하라

다니엘의 이야기로 다시 돌아가보자. 다니엘을 제외한 다른 학생들은 육류뿐만 아니라 포도주도 마음껏 마셔댔다(물론 현재와 문화 차이가 있겠지만). 술에 취한 학생들이 교정에 가득한 모습을 상상해보라. 과연 공부가 제대로 될 수나 있었을까? 한 가지 우리가 주목해야 할 것은 술은 물과는 달리 중독성이 있다는 것이다. 중독은 뇌세포를 손상시키는 결과를 가져온다. 중독의 대상이 술이든, 담배든, 인터넷이든, 스마트폰이든 그 결과는 동일하다. 실제로 알코올 중독자나 인터넷 중독자의 뇌 손상이 유사하다는 중국과학원의 연구 결과가 영국 BBC방송을 통해 방영됐다. 중국과학원의 레이 하오(雷皓) 박사는 중독자들의 뇌를 특수 MRI로 스캔한 결과 인터넷 중독자들은 약물중독, 포르노중독, 충동조절장애자들의 뇌와 같이 뇌의 백질에 손상이 있다는 사실을 밝혀냈다. 뇌백질 부위 중 감정의 생산과 처리, 실행 주의력, 의사결정, 인지적 통제와 관련된 영역이 온전하지 못하다는 것이다.

한편 한국에서도 분당서울대병원 김상은 교수팀은 인터넷 게임 과다 사용자의 뇌 활동(오른쪽 사진)이 마약중독자의 뇌 활동(왼쪽 사진)과 유사하다는 연구 결과를 발표했다. 게임 과다는 행동성 중독에서 뇌신경질환으로 발전할 수 있다는 의미다.

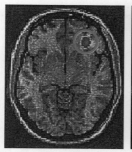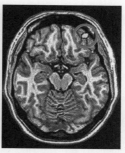

마약중독자(왼쪽)와 인터넷 게임중독자(오른쪽)의 뇌백질 손상 (출처 : 분당 서울대병원)

그렇다면 학생들의 뇌에 손상을 주는 것들은 어떤 것들이 있을까? 당연히 인터넷 게임이다. PC를 이용하든 스마트폰을 이용하든지 간에 뇌에 치명적이다. 일본의 니혼대학교 모리 아키노 교수는 6~29세의 남녀 240명을 대상으로 컴퓨터 게임을 할 때의 뇌파 활동을 측정했다. 그 결과, 고차원적인 사고 기능을 하는 두뇌의 총사령관 격인 전두엽 부위의 활동이 크게 감소하는 것을 발견했다. 이 전두엽의 발달이 위축되면 전반적인 뇌 발달에 악영향을 미친다. 또한 컴퓨터 게임을 많이 하면 쾌감 호르몬인 도파민이 과다 분비되어 게임에 중독될 위험이 높다. 게다가 과다한 도파민 분비는 더 큰 쾌감만을 원하게 해, 일상생활에서 재미를 느끼지 못하는 부작용도 생긴다. 결국 중독은 공부와 인간관계를 등한시하게 만든다. 고장 난 브레이크가 달린 자동차를 타고 비탈길을 내려가는 것과 마찬가지로, 뇌를 망치는 결과를 초래하는 것이다.

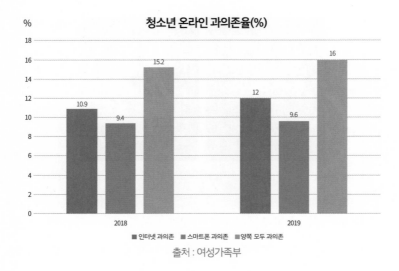

청소년 온라인 과의존율(%)

출처 : 여성가족부

전자기기 청정지역으로

중독성 기기(컴퓨터, 스마트폰, 게임기 등)의 사용 시간 조절이 어려운 사람은 차라리 없애버리는 편이 낫다. 그러나 그렇게 하기에는 주변의 환경이 도와주지 않는다. 신체의 일부처럼 함께하는 스마트폰, 거리에 즐비한 PC방⋯. 그래서 우리는 환경부터 바꾸기로 했다. 우리 학교에서는 Clean Zone(청정지역) 정책을 실시하고 있다. PC방 출입을 하지 않음은 물론, 각종 온라인 게임을 하지 않고 이미 언급했듯이 핸드폰 소지도 하지 않으며, MP3나 MP4 등의 기기 또한 사용하지 않는다. 술과 담배가 금지된 것은 물론이다. 이것이 개교 당시부터 지금까지 우리가 지키고 있는 '뇌 사랑 프로그램'이다.

세븐파워교육

중독성 기기를 사용하지 않는 뇌 사랑 프로그램. 학교를 세우면서부터 지금까지 지켜오고 있다.

유제는 한국에서 예고를 다녔던 학생이다. 유제는 전자파 없이 살아본 만방학교에서의 1년을 되돌아보며 이렇게 나누었다(그는 뉴욕 맨해튼에 위치한 School of Visual Arts에 입학했다).

"저는 한국에서 예고를 다녔습니다. 한국에서의 나의 생활을 돌이켜보면, 학교에서 7교시 동안 공부하고 방과 후에는 4시간 동안 그림을 그렸습니다. 그리고 시간만 나면 친구들과 PC방이나 노래방을 다니며 매일 집에 늦게 들어가곤 하였습니다. 지금 생각하니 참으로 큰 불효를 한 것 같습니다. 그때의 저는 정말 우물 안 개구리였습니다. 한국을 떠나 만방에서 새롭게 적응하고 많은 친구들을 만나면서 공부에 대한 흥미가 붙기 시작했고, 중국어를 잘하고 싶다는 열심과 멋진 리더가 되고 싶은 열정도 생겨나기 시작했습니다. 무엇보다 정빈이, 병규 형, 예훈이 형, 성훈이 형처럼 모범이 되는 친구와 형들을 보며 나도 멋지고 다방면에서 뛰어난 사람이 되고 싶다는 생각도 들었습니다.

저는 예고를 다녔던 것이 자랑거리라고 생각하며 만방학교에 온 후로도 한동안 자만심에 취해 있었습니다. 그러나 이런 자만심은 만방학교의 학생들을 보며 작아져만 갔습니다. 만방학교에는 다재다능한 팔방미인들이 많이 있습니다. 만방학교에서 생활하면서 내 안목이 얼마나 좁고 하찮고 낮았는지 알게 되었습니다. 그래서 저는 예고에 다녔던 것을 모두 다 잊어버리고 다시 시작하기로 했습니다. 그제야 과거에 품어왔던 내 꿈이 얼마나 작고 보잘것없는 것인지 알게 되었습니다. 만방인으로서 정직하고 부지런하고 사랑하는 모습을 보이도록 열심히 노력했습니다. 그 결과 저는 공부의 재미를 알고 부지런해졌습니다.

저는 한국에서 게임을 많이 좋아했고 그 속에 빠져 있었습니다. 게임은 순간적 보상이 너무 좋고, 사람들로 하여금 계속 빠져들 수밖에 없도록 만들어 놓았습니다. 그런 것을 알면서도 그런 즐거움들이 너무나 좋았습니다. 하지만 이제는 압니다. 그런 쾌락을 추구하면 미래를 보장받을 수 없다는 것을…."

중국에서는 18살 이하의 PC방 출입을 법으로 금지시키고 있다. 점점 게임에 중독되는 학생들의 숫자가 늘어가고 있는 상황에서 매우 적절한 조치라고 생각한다. 생활습관 때문에 공부에 집중하지 못하는 학생이 있다면, 그에 대한 보호와 인도가 필요하다. 만족지연 능력이 없는 학생들에게 게임을 하지 말라고 말로만 할 것이 아니라 그런 환경을 만들어주어야 한다.

세븐파워교육

만방의 브레인 파워 교육

세 번째 파워는 '브레인 파워'다. 브레인 파워는 무조건적 암기식 공부가 아니라 스스로 생각하는 힘, 자기표현의 힘을 길러주고 창의력이 넘치는 두뇌를 갖게 한다.

브레인 파워 Tip

1. 솔로몬 프로젝트를 통해 '너와 나 함께' win-win 한다
- 학생들이 직접 주도하는 공부 세미나를 연다.
- 세미나 후에는 '스터디 메이트'를 짜고 함께 토론하며 공부한다.
- 학생들이 스스로 멘토-멘티 팀을 짜는 멘토링 시스템을 통해 지혜를 나눈다.

2. 세로토닌(행복) 환경을 만들라
- 충분한 수면을 취하게 한다. 일찍 자고 일찍 일어나도록 한다.
- 아침에 일어나 신체를 활성화한다(아침 6시에 일어나 30분간 조깅하고 샤워한다).
- 식사 시간을 즐겨라. 친구들과 대화하며 스트레스를 푸는 시간이다.
- 리듬 운동을 가볍게 해라.
- 배 속까지 깊은 심호흡을 해라. 매일 오후에는 심호흡과 함께 안구 체조를 한다.
- 좋은 음악을 생활화하라.
- 점심식사 후에는 30분 이내의 낮잠을 잔다.

3. 위클리 테스트를 통해 능동적으로 공부하게 하라

• 다른 사람과의 경쟁이 아닌 자기 자신과의 비교를 통해 이전보다 더 나은 발전을 도모한다.
• 위클리 테스트는 단순한 성적 그래프가 아니라 생활 그래프다.
• 생활 그래프를 통해 학생들의 정서 변화를 체크하고 필요한 도움을 준다.

4. 토론식 수업으로 뇌를 자극하라

• 5~6명씩 소그룹으로 묶어 수업한다.
• 선생님 강의는 20분으로 줄이고 나머지 시간은 학생들이 각 그룹별로 선생님이 미리 내준 예습 주제에 따라 토론하며 문제를 해결하고, 그것을 전체 학생들 앞에서 발표한다.
• 선생님은 각 그룹이 발표하는 과정에서 코멘트도 해주고 잘못 표현된 부분을 바로잡아준다.

5. 뇌 사랑 프로그램을 개발하라

• 다니엘 프로젝트를 통해 매 학기마다 한 달씩 현미와 두부 및 채식 위주의 식단으로 식사를 하고, 이 시기에는 가공식품을 먹지 않는다.
• Clean Zone(청정지역) 정책을 통해 PC방 출입과 온라인 게임, 스마트폰 소지 등을 하지 않는다.

가정을 향한 브레인 파워 제안

1. 종이사전을 이용하자!
전자사전으로 쉽게 찾은 단어의 의미는 쉽게 잊힌다. 종이사전으로 단어를 찾으면 단어를 찾을 때까지 손을 움직이고 머릿속으로 되뇌어야 하므로 이해와 암기에 훨씬 도움이 된다. 뇌는 아날로그를 좋아한다.

2. 손 글씨를 쓰게 하자!
자녀들에게 일기, 편지, 독후감, 감상문 등을 손으로 쓰게 하자. 손 글씨는 컴퓨터보다 감정이 더 잘 전달되고, 정성을 담을 수 있다. 또한 두뇌가 활성화되어 학습에 좋은 효과가 있다는 연구 결과도 있다.

3. 가정에서 뇌 사랑 프로그램을 실천하자!
인터넷과 TV를 치우고 책을 가까이하는 환경을 만들어보자. 가족 독서 시간을 만들거나 미디어 금식주간 등을 만들어 중독성 기기를 차단하는 시간을 가져보자.

4. 수평/수직 멘토를 만들자!
또래 친구 또는 선후배 사이에 멘토가 될 만한 사람을 자녀 옆에 붙여주자. 수평관계의 친구들과만 생활하게 되면 객관적인 인생의 가이드를 받지 못할 수 있으므로, 대학생 친척 또는 선생님 등 주변에서 자녀의 삶을 객관적으로 조언해줄 수 있는 수직 멘토를 찾아 여러 조언을 들을 수 있도록 도와주자.

성적을 위해 수단과 방법을
가리지 않는다?
정직, 부모 사랑, 나눔 등
모럴이 강력한 경쟁력이 된다.
올바르게 성공하는 법을 공부하라!

정직이 경쟁력을 높인다

치팅(cheating)의 심리학

코리아 디스카운트라는 말을 들어보았는가? 미국의 대학 입학 자격시험의 하나인 SAT 시험문제를 유명 학원들에서 부도덕하게 유출시키는 사건들이 거의 매년 일어난다고 한다. 오죽하면 인기 강사의 판단 기준이 시험문제를 빼내는 기술이라고 하겠는가. 이제는 미국 대학에서 한국 학생들의 SAT 점수를 신뢰하지 못하는 수준에 이르렀다. 고득점과 명문대학 합격이 지상 목표인 사람들은 이런 불법 행위에도 양심의 가책을 거의 못 느끼는 듯하다. 물론 이런 문제가 비단 한국 사람들만의 문제는 아닐 것이다. 전 세계적으로 경쟁에서 이기기 위해, 도덕 불감증의 팽배로, 심지어는 부정행위의 스릴 때문에 부정직한 행위가 종종 일어난다.

많은 심리학자들이 부정행위에 대한 심리학적 답을 얻기 위해 연구를 거듭해왔다. 그중 한 가지 흥미로운 연구 결과는 셀프컨트롤(자기 조절 능력)이 약할수록 부정행위를 저지를 확률이 높다는 것이었다. 이 실험은 2002년도에 107명의 대학생을 대상으로 진행된 것이었다.

청소년은 어떠할까? Finn과 Frone은 2004년도에 316명의 청소년들을 대상으로 부정행위를 하는 학생들의 학업 능력, 자아 존중감에 대한 연구 결과를 발표했다.[6] 여기서 부정행위란 남의 시험지를 몰래 보는 커닝을 포함해, 숙제 베끼기, 숙제를 다른 사람에게 부탁하기, 표절 등을 모두 포함하는 것이다. 학생들 가운데 12%만이 부정행위를 하지 않았고, 88%의 부정행위자 가운데 11%는 부정행위의 빈도가 매우 높은 학생으로 나타났다. 연구 결과는 부정행위를 하는 빈도가 높을수록 자아 존중감과 학업 능력이 뒤떨어진다는 것을 밝혀냈다.

치팅 현상에 대해 결론적으로 이야기하면, 성취가 목표인 사람은 눈앞에 보이는 유익을 물리치지 못한다는 것이다. 그러나 내가 이 분야에서 마스터가 되겠다고 생각하는 사람은 과정을 중요시 여긴다고 한다. 과정을 중요시

---

6) Finn & Frone, J. Education Research, 97(3), 115-122(2004)

세븐파워교육

여기다 보니 남들보다 시간은 걸리겠지만 결국 성공하는 사람이 되는 것이다. 치팅을 하느냐 하지 않느냐 하는 것은 결국 도덕적 근육의 약함과 강함의 차이에서 오는 것이다.

앞서도 잠깐 소개했지만, 만방국제학교 설립 시 우리가 겪었던 유혹과 갈등을 통해 도덕적 근육의 경쟁력을 이미 몸소 체험한 바 있다. 학교 건축을 시작한 무렵, 우리 서류에 아무런 하자가 없는데도 관공서 관리인들이 도장을 찍어주지 않아 애를 먹고 있었다. 담당자는 이미 여러 번 허탕을 쳐서 화가 단단히 나 있었다.

"미치고 팔짝 뛸 노릇입니다. 어느 부서의 도장을 받아야 하는지 물어서 가면, 가는 부서마다 순순히 도장을 찍어주는 부서가 없습니다. 처음에는 우리 서류가 부족한 부분이 있어서 그런가 보다 했는데 그게 아니었습니다. 몇 번 다녀보니까 그 안에는 규칙 아닌 규칙이 있었습니다. 바로 뒷돈을 줘야 하는 거죠."

학교 설립을 준비하면서 여러 장애물이 있었지만 이 문제는 유난히 고민스러웠다. 손쉽게 해결할 수 있는 길이 훤히 보이는데 정직만 고수하는 것이 미련하게 느껴지기도 했다. 현실 타협이라는 유혹의 떡을 덥석 베어 물고 싶은 마음이 굴뚝같았다. 뒷돈을 건네지 않아서 행여 건축 허가가 나오지 않으면 그에 대한 책임은 모두 내 몫이었고, 좋은 직장까지 포기해가며 중국으로 온 교사들의 생계도 책임질 수 없을 터였다. 하지만 나는 물러설 수 없는 마지노선을 구축하기로 했다. 설사 건축 허가를 받지 못하는 한이 있더라도 절대로 타협하지 않겠다는 다짐이었다.

내 결심을 들은 담당자는 입술을 꽉 깨물더니 이렇게 말했다.

"내일 아침부터 학교로 출근하지 않겠습니다."

나는 가슴이 철렁했다. 하지만 이어지는 그의 말에 그 큰 몸을 꼭 안아주고 싶었다.

"아침 먹자마자 관공서로 출근하겠습니다. 그들이 도장을 찍어줄 때까지 내 못생긴 얼굴을 계속 들이밀 겁니다. 귀찮아서라도 도장을 찍을 때까지…."

그리고 한 달쯤 지났을까, 전화 한통이 걸려왔다.

"드디어 서른세 군데 도장을 다 받았습니다!"

황소같이 우직한 그가 많은 사람들 앞에서 펑펑 울었다고 한다. 처음에 그를 무시하고 비협조적이었던 관공서 사람들도 마지막 도장을 찍어주면서 입을 모아 이렇게 이야기했다고 한다.

"처음에 당신을 보고 젊은 사람이 패기는 좋은데 방법을 모르는 풋내기다 싶었습니다. 그런데 시간이 흐를수록 당신의 진실함에 감동했습니다. 당신네 학교는 반드시 성공할 것입니다."

거짓말은 파괴를 부른다

앞서 이야기한 바와 같이 우리는 교내에서 핸드폰 사용을 금지하고 있다. 하루는 모든 선생님들이 아연실색하는 일이 벌어졌다. 한 학생이 생활관에서 몰래 밤마다 스마트폰을 사용했다는 것이다. 그 학생을 불러 이야기를 나눠 보기로 했다.

세븐파워교육

"네가 학교 교칙을 어기고 몰래 스마트폰을 사용하고 있다는데, 맞니?"

"무슨 말씀이시죠? 저는 사용하지 않았어요."

"네가 입학할 때, 스마트폰을 소지하지 않기로 약속한 것은 알고 있지?"

"그럼요. 학교 교칙을 엄수하겠다는 사인을 했지요."

"그런데 지금 거짓말을 하고 있는 네 자신이 부끄럽지도 않니? 거짓말이 가장 나쁜 것이라고 그렇게 강조했는데도 계속 거짓말이야?"

그 학생은 애써 태연하려고 했지만, 명확한 증거를 내밀자 결국 실토할 수밖에 없었다. 그 증거는 안타깝게도 정직을 가르쳐야 할 엄마로부터 나왔다. 엄마가 교장 선생님과 대화 중에 실수로(?) 아들과 문자를 주고받는다고 말한 것이었다. 순간 엄마는 움찔했지만 이미 뱉은 말을 다시 주워 담을 수는 없었다. 결국 그 학생은 자신의 잘못을 고백하기 시작했다.

"한 학기 동안 계속 핸드폰을 숨기며 썼습니다. 매일 밤 사람들이 잘 때, 혼자, 아무도 모르게 엄마랑 문자를 했습니다. 한국에 있을 때부터 엄마에게 미리 얘기해놨습니다. 내가 중국에 가서도 문자할 수 있다고. 대신 아무도 몰라야 한다고…. 그렇게 나는 엄마랑 약속을 했습니다. 엄마랑 했을 뿐만 아니라, 한국의 친구들과도 문자를 주고받았습니다. 전 이것을 숨기기 위해 일부러 침대도 방문을 열자마자 안 보이는 데로 정했고, 계속 숨겨왔습니다. 아무한테도 말을 하지 않고 몰래 써서 한 학기를 안 걸리고 지낼 수 있었습니다."

무척 신뢰하던 엄마와 학생이 우리를 속였다니, 믿어지지 않았다. 모두가 정해진 규칙을 지키며 성실하게 공부하고 있을 때, 그 학생은 자기 자신을 속이고, 친구들을 속이고, 선생님들을 속이고 있었다. 그의 고백에 담긴 '몰래',

'혼자', '아무도 모르게', '숨겨서' 등등의 단어는 무엇을 의미하는가? 이미 어둠에 갇혀 진실을 잃고 불안에 떠는 그 학생의 영혼을 생각하니 가슴이 아파왔다. 가장 아쉬운 부분이 엄마의 태도였다.

"아들아, 규칙은 어겨도 된단다. 들키지만 않으면 거짓말해도 되는 거야."

직접적으로 말은 하지 않았을지라도 엄마는 행동을 통해 이런 식의 가르침을 주었던 것이다. 이 학생은 이전에도 수차례의 거짓말로 자기의 잘못들을 슬쩍 넘기려 했다. 그 자료를 다시 들춰 보니, 반성 또한 거짓으로 포장을 한 듯했다. 이 아이가 도대체 왜 이렇게 변하지 않을까 싶었다. 원인은 변하지 않기로 작정했기 때문이었다. 잠자는 사람은 깨울 수 있지만, 잠자는 척하는 사람은 깨울 수 없듯이, 깨어나고 변화될 마음이 아예 없는 사람을 돌이킬 수 있는 방법은 없었다.

학교 설립 이래로 가장 중요시 여기는 교육의 가치관은 거짓말은 용납해서는 안 된다는 것이었다. 거짓말은 인성의 파괴, 상호 신뢰의 파괴, 공동체의 파괴를 불러온다. 지저분한 곳에 쓰레기가 모여들듯이, 서로를 믿지 않으며 속임수만 만연한 온갖 지저분한 마음들이 모여들게 된다. 지금까지 학교를 떠나야 했던 학생들을 보면, 그 학생들이 저지른 잘못 때문이 아니라 반복적인 거짓말 때문이었다. 부모가 협박을 해도, 주변에 모함의 말을 퍼트린다 해도 절대로 타협하지 않는 것이 우리의 원칙이다.

세븐파워교육

정직의 경쟁력

혹시 EBS에서 방송된 「다큐프라임—아이의 사생활 2부」를 본 적이 있는가? 이 프로그램에서는 도덕성에 대한 일련의 실험들을 보여준다. 이를 테면 이런 것이다. EBS방송 인터뷰 참여자에게 10만 원의 수고비를 주기로 구두로 계약을 한다. 그러나 현장에서는 돈 봉투를 건네면서, '15만 원 맞으시죠?'라고 말하는 것이다. 여기서 그들의 반응을 보는 실험이었다. 즉, 5만 원을 돌려주느냐, 아니면 모르는 척하고 그냥 15만 원을 받아 가느냐. 11명 중에 4명만이 정직하게 5만 원을 돌려주었다.

당신이 갖고 있는 '정직'에 대한 이미지는 무엇인가? 정직하면 손해 본다? 목표 달성을 위해서라면 약간의 거짓말은 괜찮다? 대부분의 사람들이 정직에 대해 강조하는 만큼 정직한 삶을 살지는 못한다. 눈 한번 딱 감으면 고득점, 고소득이 나를 기다리는데 굳이 정직을 선택할 이유가 없다는 것이다. 즉, 사람들이 추구하는 가치의 우선순위에서 정직이 한참 밀려나 있다.

같은 방송에서 서울대 심리학과 곽금주 교수 역시 정직성에 대한 실험을 진행하였다. 초등학생 300명을 대상으로 아이들의 정직 지수를 측정하고, 정직 지수가 높은 아이 6명과 평균적인 아이들 6명을 선발했다. 실험 내용은 바로 이런 것이다. 아이들의 눈을 가리게 하고 표적물 맞히기 게임을 시켰다. 사람들은 다 떠나고 보는 사람은 아무도 없었다. 물론 CCTV 카메라를 작동시켜 아이들의 행동을 관찰하였다. 이때 그들 중 몇 명이 끝까지 눈가리개를 벗지 않는지를 보는 실험이었다.

당신에게 이 실험을 한다면, 당신은 어떻게 하겠는가? 아무도 안보니까 살짝 눈가리개를 올려보지 않을까? 6명의 아이들은 정직 지수가 높은 아이들이었고, 나머지 6명의 학생들은 평균 점수의 아이들이었다. 정직 지수가 높은 아이들은 규칙을 준수했지만, 정직성이 평균치인 아이들은 눈가리개를 내리고 던지거나 가까이 가서 던졌다. 왜 그랬을까? 많이 맞히는 숫자만큼 선물을 제공하겠다고 약속했기 때문이다. 더 많은 선물 유혹에 정작 가려야 할 눈은 안 가리고 양심을 가려버린 것이다. 우리는 이러한 여러 가지의 실험을 통해 몇 가지 의미 있는 사실을 확인할 수 있다.

정직한 아이들은
- 집중력이 높다.
- 공격성이 낮다.
- 친구들과 더 관계가 좋다.
- 왕따 피해 경험이 낮을 뿐만 아니라 가해 경험도 낮다.
- 삶에 대한 만족도가 높다.
- 할 수 있다는 긍정적 사고를 가지고 있다.
- 문제 해결에 대한 믿음이 크다.

실험을 통해 많은 심리학자들은 부정행위의 여부는 '셀프컨트롤'이 관건이라고 입을 모았다. 셀프컨트롤이 의미하는 것이 무엇이겠는가? 자기주도적인 생활과 공부의 가능성 또한 높아진다는 것을 의미한다. 실제로 정직 지수가 높았던 아이들이 성적이나 사회생활 등 모든 면에서 더 큰 성취를 이루는 경우가 많고, 행복감마저 느낀다. 그러므로 우리는 정직에 대해 다음과 같은 귀중한 결론을 얻을 수 있다.

"정직할수록 경쟁력이 높아진다."

교육의 성공이란 무엇인가? 명문대 진학률이나 유명인 배출률 등이 교육의 성공이라고 볼 수 없다. 학생들 가운데 거짓과 위선을 벗겨내지 못한 채 명문대에 진학하거나 손에 꼽히는 유명인이 되었다면, 그것은 성공이 아닌 실패일 가능성이 높다.

부모의 사랑으로
키워지는 모럴 파워

우리 학교에는 '독서왕'이라는 제도가 있다. 한 달에 한 번씩 학생들이 쓴 독후감을 종합하여 시상을 한다. 그런데 특이하게도 시상품이 '교장 선생님과의 저녁식사 쿠폰'이었다. 현재는 '왕들의 만찬 초대권'으로 명명하고 있다. 매달 뽑힌 독서왕들은 한 학기에 한 번씩 시내에 나가 분위기 있고 맛있는 고급 레스토랑에서 학교의 가장 높은 분들과 함께 식사를 하며 즐거운 시간을 보낸다. 이것은 학생들에게는 평생 잊지 못할 기억으로 남는다. 왜냐하면 한국에서는 아예 생각조차 못하는 일이기 때문이다.

세븐파워교육

매 학기 말에 열리는 왕들의 만찬

　유민이가 한번은 독서왕에 올랐다. 유민이는 조창인의 『가시고기』를 읽고 독후감을 썼는데, 이 책을 통해 부모님의 사랑을 깨닫고 아빠에게 사랑 고백을 했다. 그 내용을 잠시 소개하고 싶다.

　"평생을 새끼들을 버리고 도망간 엄마 가시고기를 대신해 알을 보호하다가 정작 자식들이 자신의 품을 떠나면 돌 틈에 머리를 처박고 죽어버리는 아빠 가시고기.
　이 책에 나오는 다움이 아빠는 아빠 가시고기와 참 많이 닮았다. 그는 백혈병에 걸린 자신의 아들을 위해 시인으로서 소중히 여기던 양심도, 자존심도 다 버려가며 치료비를 벌고 나중에는 자신의 각막마저도 팔아서 기적적으로 다움이를 완치시키지만 정작 본인은 의사로부터 시한부 판정을 받고 머나먼 프랑스로 다움이를 떠나보낸다. 그렇게 다움이 아빠는 자신의 아들을 그리워하다 다움이와의 추억이 서려 있는 사락골에서 쓸쓸히 세상을 등진다.

이 책을 읽고 다움이 아빠의 모습과 겹쳐지는 나의 아빠의 모습을 생각하며 눈물이 많이 났다. 항상 자식들을 위해 많은 것을 희생하면서도 더 잘해주지 못해서 미안하다는 우리 아빠….

아빠와 나는 부모님과의 관계가 어색하다는 여느 친구들과 달리 지금까지 단 한 번도 싸워본 적이 없을 만큼 사이가 좋다. 그렇기에 단 한 번도 아빠와 나와의 관계가 소홀하다고 생각한 적이 없었고 아빠 또한 그럴 것이라 생각했다.

하지만 우연히 부모님께서 나누시는 대화를 듣게 되면서 그것이 착각이었다는 것을 알게 되었다. 아빠는 "요즘 아이들이 부쩍 다 자란 것 같아 섭섭하네. 어렸을 때는 여기저기 잘 쫓아다녔는데 그때가 참 좋았었지."라며 쓸쓸하게 웃으셨다. 그제야 언니는 대학에, 나는 유학을 가면서 우리가 얼마나 아빠에게 무심했는지 알게 되었고, 지금까지는 보지 못했던 아빠의 숨겨진 모습들이 하나 둘 눈에 들어왔다.

이제는 검은 머리 사이사이로 흰머리가 보이고 손끝에는 시커먼 잉크 때자국이 묻어 있고, 값비싼 내 운동화와는 비교되는 낡고 초라한 구두를 신은 아빠…. 항상 활기차고 당당하게만 보였던 평소의 아빠와는 너무나도 다른 모습에 나는 적잖은 충격과 함께 마음이 아팠다. 항상 과분한 사랑을 주시기에 당연한 듯이 여기고 나를 위해 얼마나 많은 것을 희생하시는 줄 알면서도 현재에 만족하지 못하던 교만하고 못난 딸이었음을 깨달았다.

그렇기에 지금에서야 아빠의 지치고 힘든 모습을 보게 된 내가 너무 후회되고 죄송하기만 했다. 그러고 보면 지금까지 아빠와 좋은 관계를 유지할 수 있었던 것도 순전히 아빠의 노력 덕분이었다. 힘들고 지쳐도 미소를 잃지 않던 아빠의 딸들을 향한 사랑…. 몇 날 며칠을 밤을 새서 피곤한 몸에도, 쉬는 시간이 나면 어김없이 자식들을 위해 투자하던 아빠의 사랑이 그렇게 좋은 관계를 유지할 수 있게 한 이유였음을 뒤늦게야 깨닫게 된다. 그리고 언제나 내 곁에서 든든한 버팀목이 되어주는 아빠에게 진심으로 감사하다.

끝으로 아빠한테 이 기회를 빌어서 말하고 싶다. 당신이 곁에 있어서 힘들고 어려운 상황 속에서도 앞으로 나아갈 용기를 얻었다고. 그리고 내가 다 자란 가시고기가 되어 당신의 품을 떠난다고 해도 당신의 사랑만큼은 언제 어디서나 기억할거라고, 그러니 오래오래 살아서 효도할 수 있게 해달라고 말이다. '세상에서 어떤 누구보다도 자랑스러운 아빠, 진심으로 사랑합니다.'"

이 글을 본 유민이 아빠의 마음은 어땠을까? 나도 아빠지만 이런 편지를 받은 유민이의 아빠가 얼마나 행복했을지 상상이 간다. 이렇게 부모를 공경하고 가슴이 따뜻한 아이를 기르는 것이 교육의 보람이 아니겠는가!

부모, 자녀를 이어주는 손 편지

부모에 대한 감사와 사랑, 그것은 정직 훈련과 더불어 모럴 파워를 키우는 강력한 도구다. 학생들에게 어떻게 모럴 파워를 높일 수 있을까? 우리 학교는 다음과 같은 방법으로 부모 사랑의 모럴 파워를 키워준다.

- 부모에게 매주 편지를 쓴다.
- 부모도 자녀에게 편지를 쓴다.
- 부모에게 "사랑합니다, 감사합니다"라고 고백한다.
- 학교는 부모–자녀 간의 갈등 해결사가 된다.

모럴 파워를 키워주기 위해서는 학생들에게 부모 공경을 가르쳐야 한다. 인간의 인간됨은 부모 공경에서 시작한다. 우리나라의 가장 아름다운 전통 가운데 하나였던 부모 공경이 요즘은 자녀 공경으로 바뀌고 있는 것이 우리의 속 쓰린 현실이다. 부모를 공경하려면, 부모를 사랑해야 한다. 부모를 사랑하려면 부모와의 관계가 좋아야 한다. 그렇다면 부모와의 관계를 좋게 하는 방법은 없을까? 어떻게 부모와 자녀를 동시에 도와줄 수 있을까?

그래서 생각한 것이 편지였다. 그것도 이메일로 쓰는 것이 아니라 손 편지를 매주 쓰게 해보았다. 결과는 기대 이상이었다. 대부분의 부모님들이 처음 받아보는 자녀들의 편지에 눈물을 흘렸다고 고백했으며, 관계의 회복과 강화가 이루어지는 것을 발견했다.

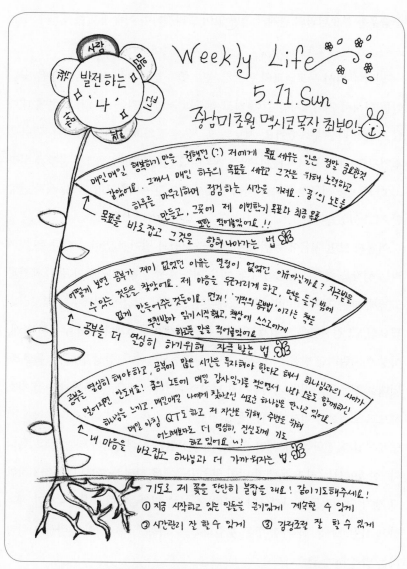

Weekly Life는 일주일 동안의 생활을 정리하면서 학생들이 부모에게 보내는 편지다.

승우는 부모님과의 관계가 정말 많이 달라졌다며 이렇게 말했다.

"만방에 와서 부모님과의 관계가 정말 좋아졌습니다. 저희 부모님은 맞벌
이를 하셔서 저녁식사만 같이 하고 각자의 저녁 시간을 보냈기 때문에 대화
할 시간이 너무 부족했어요. 서로의 생각을 몰랐기 때문에 많은 다툼, 갈등을
겪었지요. 예를 들어, 나는 나만의 계획이 있는데 엄마는 무조건 공부를 하라
고 하시는 등 서로의 생각을 이해 못해서 빚어지는 마찰도 있었고, 제가 반항
한 적도 있었습니다.

어떻게 보면 처음에는 만방에 오면 부모님과 떨어져 있어서 더 좋을 것이
라는 생각을 하기도 했었습니다. 처음 이곳에 왔을 땐, 친구들과 같이 생활하
고 공부하는 것이 재미있기만 했습니다. 그러나 시간이 지날수록 부모님의
필요성, 그 감사함을 느끼게 되었습니다. 내가 아무렇게나 벗어 두었던 빨래,
항상 어지럽히던 방을 어머니는 항상 치워주셨습니다. 항상 말도 안 듣고 제
멋대로 행동하던 저를 키워주시고 보살펴주셨다는 것을, 이곳에서 직접 청소
해보고 느껴보니 이제야 깨닫게 됩니다.

부모님과 전화를 할 때면 항상 "감사합니다, 사랑합니다"라는 말을 합니
다. 한국에서는 하지 못했던 말이지만 이곳에서 직접 느껴보니 그 사소하다
고 생각했던 것들 하나하나의 감사함을 알게 되었습니다. 지금은 정말 애틋
하고 사랑스러운 한 가정이 된 듯합니다. 어색하던 아버지와도 항상 사랑한
다는 말을 하게 됐으니까요."

　　　　　　　　　　　　　　　　　　　　세븐파워교육

부모님도 자녀들에게 손 편지를 보내는 것이 생소하기는 마찬가지다. 자녀들에게 편지를 쓰면서 자신도 몰랐던 잘못이나 감정들을 깨닫게 되고, 자녀들에게 솔직한 이해와 용서를 구하게 되는 경우가 많다.

"승인아, 엄마의 깜짝 서프라이즈! 독후감을 쓰면서 자녀에게 쓰는 편지라는 공간이 있어서 '우리 딸에게 무슨 선물을 할까?'라는 생각에 엄마의 사랑의 편지를 전하고 싶다는 생각이 들었어.

너를 칭찬하기보다는 나무라기에 바빴던 엄마, 믿어준다고 하면서 믿는 시늉만 했던 엄마, 너희들의 호기심과 관심에 무심했던 엄마였음을 고백한다.

미안하단 말과 함께, 그럼에도 잘 자라주어 고맙다는 말을 또 다시 전하고 싶어. 언제나 넌 엄마보다도 따뜻하고 이해와 배려심이 많은 딸이고 착하고 자랑스러운 딸인데, 성적의 잣대로만 몰아세웠던 못난 엄마의 엄격함 속에 눌려 살아왔지? 엄마인 내가 더 믿고 힘을 줬어야 하는데 남보다 못한 엄마였네. 미안해.

최선을 다하며 변해가는 너를 보면서, 너에게도 고맙고 함께해주시는 많은 선생님들께 감사드린다. 딸! 부모 곁을 떠나 잘 지내주어 고마워. 매일매일 감사하면서 살아가자. 삶에 최선을 다하다 보면 우리 딸이 보석이 되어가고, 목적을 달성해가면서 빛을 발할 거야. 딸! 건강 잘 챙기고. 엄마도 열심히 널 응원하고 기도할게. 사랑해."

부모의 욕심으로 자녀가 공부해주기를 원할 때가 얼마나 많은가? 바로 거기에서 갈등이 생긴다. 'Number One'은 계속해서 경쟁을 부추긴다. 그러나 'Only One'은 다르다. 다른 사람이 잘하는 것을 인정해주고, 내가 잘하는 것을 나 스스로 인정하게 한다. 그러면 친구가 경쟁의 대상이 아니라 협력의 동반자가 된다. 건강한 부모-자녀 관계를 원하는가? 그렇다면 학생들이여, 다음과 같이 되어라. 부모들이여, 이렇게 가르쳐라.

"Number One이 아니라 Only One이 되어라."

매년 5월에 학부모 방문의 날 행사를 하는데, 그때 부모와 자녀의 만남이 이루어진다. 그 행사에서 자녀와 부모가 서로 축복하며 사랑을 고백하는 시간을 갖는다.

세븐파워교육

1그램의 행동으로
세상을 바꿔라

어떤 40대 판사가 60대 증인에게 이렇게 말했다고 한다. "늙으면 죽어야 해요." 사회적으로 성공한 위치에 있다고 볼 수 있는 판사의 입에서 이런 말이 나오다니 막말이 아닐 수 없다. 실제로 한국의 법정에서 발생한 씁쓸한 이야기다. 이 판사에게 부족한 것이 바로 모럴 파워다. 과연 직업이 판사라고 해서 이런 사람도 훌륭한 사람이라고 여길 수 있을까?

우리나라는 특히 세대 차이가 심하다. 젊은 사람은 나이 많은 사람으로부터 배우려고 하기는커녕 가까이하려고도 하지 않는다. 최근에는 60세 이상 노인들의 지하철 무임승차에 반대하는 젊은이들의 투표가 발생하는 등 세대

갈등이 극에 치닫고 있다. 우리나라 청소년들은 얼마나 자주 노인들을 접할까? 아마 대부분이 일 년에 한두 번 명절 때 조부모님을 방문하는 게 만남의 전부일 것이다. 청소년들을 철들게 하는 데 매우 효과적인 방법은 노인들을 자주 만나도록 하는 것이다. 나도 언젠가 그렇게 늙을 것이라는 생각을 통해 겸손을 배우기 때문이다.

우리 학교가 있는 하얼빈의 인구는 천만 명이다. 다운타운을 벗어나면 바로 농촌인데, 대도시인 만큼 양로원이 많다. 환경도 한국의 양로원보다 열악한 편이다. 우리 학교에서는 매주 양로원 봉사를 가는데, 조를 나누어 여러 양로원에 흩어져 방문한다. 가기 전에 할머니, 할아버지들을 기쁘게 해드릴 노래, 춤, 안마, 선물 등을 미리 준비해 간다. 언어와 문화가 달라서 원활한 소통은 어렵지만, 그곳에서 아이들은 말보다 마음으로 소통하는 것을 배운다.

세림이가 양로원 봉사를 다녀온 후 함께 나눈 이야기를 소개한다.

"오늘 원신양로원에 다녀왔다. 중국어 노래와 춤을 배우고 기도로 준비하고 팀 별로 모여 나누고 함께 준비하니 '좋은 인상 남기고 와야지', '꼭 큰 웃음을 드리고 와야지'란 생각이 더 간절했다. 그리고 약 2년 동안 만방에 살면서 양로원을 많이 갔다 왔는데 처음으로 가는 것처럼 설레고 기분 좋은 떨림이 느껴졌다.

양로원에 막 도착했을 때 할아버지, 할머니들께서는 침대에 누워 계셨다. 거동이 불편하셨지만 그래도 우리와 함께하시기 위해 침대에서 일어나 자리를 옮기셨다. 우리의 재롱을 보시고 너무너무 즐거워하셨던 할아버지, 할머니와 사랑에 빠졌다. 할아버지와 할머니와 나는 서로에게서 한시도 눈을 떼지 못했다. 예수님의 발을 눈물로 적시고 머리카락으로 닦은 여인처럼, 나도 할아버지의 신발을 벗겨 발을 주물러드렸다. 나도 모르게 그렇게 하고 있었다. 할아버지의 선한 인상과는 다르게 발은 너무 초라했다. 차갑고 딱딱한 상처투성이인 할아버지의 발을 열심히 주물러드렸다.

양로원에서 노인분들께 안마를 해드리고 대화하는 아이들

　내 손의 온기로 인해 할아버지의 발뿐만 아니라 외로운 마음이 녹아지길 기도했다. 할아버지는 그런 내게 마음을 여시고는, 우리가 돌아가기 전까지 내 손을 놓지 않으셨다. 내 손을 꼭 잡고 계시는 할아버지의 손을 놓기가 정말 쉽지 않았다. 다음에 다시 오겠다고 약속하니 할아버지께서 그제야 내 손을 놓아주셨다. 이번 양로원에서는 정말 좋은 것을 많이 느끼고 배웠다. 우리의 사랑을 전할 수도 있었고 할아버지, 할머니들에게서 사랑을 얻을 수 있었다.

　할아버지와 할머니들의 손자, 손녀가 되어 마음에 기쁨이 되어드릴 수 있어서 너무나 감사한 시간이었고 서로의 사랑을 나눌 수 있는 귀한 시간이었다. 다음에도 원신양로원으로 봉사활동을 가서 그 할아버지와의 약속을 지키고 싶다."

나눔의 기쁨을 알게 하라

우리 학교에서는 매주 토요일 오전에 좋은 프로그램을 선정하여 전교생이 함께 시청하는 시청각 교육 시간이 있다. KBS의 「동행」, CTS 「땅 끝까지」, 「공부하는 인간, 글로벌 성공시대」 등 그 내용은 매우 다양하다. 어느 주간에는 SBS의 「힐링캠프, 기쁘지 아니한가 – 차인표 편」을 학생들에게 보여주었다.

방송 중에 차인표 씨는 처음에는 겉으로 드러나는 나눔을 하길 원하며 몇 명의 아이들을 돕는 것으로 자기 위안을 삼아왔던 자신이 진정한 나눔을 하게 된 계기를 이야기하기 시작했다.

차인표 씨는 아내가 가기로 약속된 해외봉사에 부득이한 사정으로 못 가게 되자, 아내의 부탁으로 내키지 않는 봉사활동을 떠났다. 일행 모두 이코노미석을 타고 가는데, 자신만은 끝까지 비즈니스 클래스를 고집했다고 한다. 그러나 막상 목적지에 도착해서 한 아이를 만났을 때, 가식뿐이었던 그의 마음이 흔들렸다. 어느 모로 봐도 여유가 있는 자신이 먼저 다가가 말을 건넸어야 했는데, 그 아이가 먼저 다가와 손을 내밀고 사랑한다는 말을 건넨 것이었다. 행복할 조건이 전혀 없었던 꼬마의 해맑은 모습이 그의 마음을 울렸고, 그 순간부터 그의 인생관이 바뀌었다고 한다. 그러면서 또 한 사람을 소개했는데, 바로 김정하 목사였다. 개척교회 목사였던 그는 기아들과 결연해 돕고 싶었지만 돈이 없었다고 한다. 기아들을 향해 끓는 마음으로 가만히 있을 수 없었던 김 목사는 구두닦이를 시작해 일곱 명의 기아를 후원하기 시작했다. 그러나 얼마 지나지 않아 그는 시간이 가며 근육이 마르고 힘이 없어져 걸을 수도 없는 루게릭병에 걸리고 만다. 김 목사가 더 이상 구두를 닦지 못하게 되자, 그에게서 구두를 닦았던 손님들이 김 목사의 뜻을 이어받아 기아들을 후원하게 되었다는 감동 스토리였다.

정빈이의 쌈짓돈 기적

아이들에게 이 영상을 보여준 지 며칠이 지나 정빈이가 교장실을 찾았다. 그리고 교장 선생님에게 이런 편지를 건넸다.

"선생님, 안녕하세요. 저 정빈입니다. 저번에 학교에서 배우 차인표 씨에 관한 영상을 보게 되었잖아요. 그 영상을 보는 내내 '나도 정말 헌신을 하고 싶고, 아름다운 사랑을 나누고 싶어. 비록 중국에 유학을 왔지만 저렇게 힘들고 굶주린 아이들을 도울 수 있는 방법이 없을까' 하는 생각을 하게 되었어요. 그즈음 친누나가 캄보디아로 단기 봉사를 가게 되면서 기도를 부탁했어요. 저는 누나를 위해 또 캄보디아에 있는 아이들을 위해 많이 기도했죠. 누나가 아이들에게 영어를 가르치게 되었는데 기도를 하는 도중에 제 마음에 자꾸 '아 기도도 기도지만 직접 몸으로, 말로, 내 물질로 도와주고 싶다'는 생각이 들었고 현지에서 몸으로 말로 사랑을 나누는 누나가 참 부러웠어요. 그래도 어쩌겠어요. 휴학하고 아프리카로 쓩~ 날아갈 수도 없고 단지 생각으로만 그쳐야 했죠.

교장 선생님께서 하시는 말씀 가운데 우리 학교는 다른 곳을 많이 도우신다고 하셨잖아요. 그 말씀을 듣고 자꾸 '나도 무엇인가 도울 것이 없을까? 내가 가진 것으로 남을 도울 수는 없을까? 누구는 구두를 닦아서라도 한 푼 두 푼 모아서 후원하고 돕는데…. 맞아, 사랑한다면 욕심을 버려야 되고 그러기 위해서는 나의 소중한 것도 내어줄 수 있어야 돼' 하는 마음이 들었어요. 그래서 가만히 생각해보니까 제게 있는 소중한 것은 바로 '돈'이더라고요.

선생님, 이 돈을 좋은데 써주세요. 제가 설날에 받은 돈이에요. 태어나서 한 번도 10만 원 이상 용돈을 받아 본 적이 없었는데. 이번에는 한 살 더 먹었다고 설날에 용돈을 많이 받았어요. 이렇게 많은 돈을 처음 만져봤는데, 쓰기도 무서워서 가지고 있다가 중국까지 가지고 와버렸어요. 여기서는 한국 돈을 더더욱 쓸 일이 없었죠. 그래서 통장에 넣었어야 했을 돈을 그냥 캐비닛 안 깊은 곳에 처박아놓고 있었는데, 그 돈이 마치 제 마음 한구석에 있는 욕심과도 같았던 거 같아요.

이 돈을 나누어야 한다는 것을 깨달았어요. 제가 이 돈을 가지고 있어봐야 저의 짧디짧은 생각으로는 어디 잘 사용하겠어요? 정말 필요했던 전자사전을 살 수도 있겠지만 이번에는 저만을 위해서가 아닌 남을 위해서 쓰고 싶어요. 기부할 다른 방법이 없기에 교장 선생님께 드립니다. 선생님이라면 이 돈을 좋은 곳에 써주실 것 같아서요. 저도 만방에서 많은 사랑을 받았으니 이제 나누어야겠죠?

그런데 참 신기한 것은 작지 않은 돈임에도 베푼다는 생각에, 욕심을 버린다는 생각에 마음이 후련하고 뿌듯하네요. 이렇게 많은 것을 알게 하시고 깨닫게 해주셔서, 또 많은 사랑을 주시고 좋은 모습으로 항상 도전을 심어주셔서 감사합니다."

세븐파워교육

귀한 제자의 사랑의 마음에 감동한 최현 교장은 그 돈을 가장 멋지게 쓰도록 학생들이 직접 운영하는 만방장학재단을 만들자고 제안했다. 결국 정빈이가 헌금한 이십만 원은 기적의 씨앗이 되었다. 기부 운동이 요원의 불길같이 전교에 번진 것이다. 학생들이 1년 동안 모은

만방장학재단에서 케냐에 후원하는 아이들

돈이 자그마치 천이백만 원이었다. 그렇게 해서 학생들 스스로 만든 장학재단이 생겼다. 이 장학재단은 세계 곳곳의 도움이 필요한 지역을 조사하여 돕는다. 컴패션의 결연 운동을 시작으로 지금은 한국의 청소년 가장들, 중국의 가정형편이 어려운 소학생과 가정들, 미얀마 우물 파주기 및 고아원, 케냐 의족 지원 등 돕는 일들이 수두룩하다. 정빈이가 꼭꼭 숨겨놓았던 쌈짓돈을 털어 생겨난 기적이므로, 우리는 이것을 '쌈짓돈의 기적'이라고 부른다.

만방장학재단에서 지원하는 소학생들과 만방학생들이 함께

마음 따뜻한 인재

12월 1일, 세계 에이즈의 날이었다. 오스틴 굿와인(Austin Gutwein)이라는 깡마른 열 살 소년이 농구 골대 앞에서 공을 튀기고 있다. 자못 비장한 눈빛이었다. 주위에는 가족과 친구들이 조용히 그를 지켜보고 있었다. 오스틴은 공을 들고 자유투 모션을 취했다. 그리고 힘차게 골대를 향하여 공을 던졌다. 응원하러 온 친구들은 바닥에 떨어진 공을 재빠르게 패스해주었다. 1개, 2개, … 50개, 100개 …

오스틴은 던지고 또 던졌다. 처음에는 지칠 줄 모르고 던졌지만 슈팅 횟수가 거듭될수록 오스틴의 팔은 조금씩 힘이 빠져갔다. 헉헉거리며 땀을 흘리며 혼신을 다해 슈팅을 거듭하는 오스틴, 그는 왜 혼자 농구 골대에 골을 던지는 것일까?

어느새 1,000개가 넘었고 그는 또 1,500개, 2,000개 넘게 슈팅을 했다. 오스틴의 팔은 이제 무감각해졌고, 부들부들 떨리고 있었다. 숫이 추가될 때마다 응원하러 온 가족과 친구들은 환호성을 터뜨렸다. 온몸은 땀으로 뒤범벅이었다. 그날 오스틴이 농구 골대를 향해 슈팅한 숫자는 무려 2,057개였다.

오스틴이 이 일을 벌인 배경을 아는가? 오스틴은 만화 영화와 프로 농구를 즐겨 시청하는 평범한 아홉 살 소년이었다. 그런데 어느 날, 오스틴은 봉사단체인 월드비전이 만든 4분짜리 영상을 보게 되었다. 에이즈로 부모님을 잃고 흙집에서 살고 있는 매기라는 잠비아 여자아이의 사연이었다. 그 짧은 영상은 오스틴의 머리에서 떠나지 않았다. 오스틴은 스스로 자문했다.

"저런 일이 나한테 일어났다면 어땠을까?"

오스틴은 고심 끝에 자선 마라톤 행사에서 아이디어를 얻어 자신이 던진 자유투가 한 번 성공할 때마다 일정 금액의 자선금을 내줄 사람들을 찾기로 했다. 오스틴은 그날 3천 달러를 모금했고, 그 돈은 월드비전을 통해 아프리카의 고아 여덟 명에게 전해졌다.

오스틴의 감동 스토리는 그가 다니는 학교에 퍼졌다. 그 이듬해 친구들, 주변 이웃 사람들 할 것 없이 수천 명의 사람들이 공을 던져 자선금을 모금했다. 오스틴의 '첫 슈팅'은 2009년에만 61만 달러 모금이라는 기적을 만들어 냈고, 그 돈으로 아프리카에 기숙사, 클리닉센터, 연구소 등이 만들어지게 되었다. 한국에서도 국제구호단체인 '기아대책'을 통해 'Shooting for Africa'라는 제목으로 아프리카 빈곤 어린이들을 돕는 행사가 이루어지기도 했다. 지금은 어엿한 대학생이 된, 한 아이의 자유투 한 개로부터 시작된 기적이 파도처럼 전 세계로 물결치고 있는 것이다.

슈팅포아프리카가 진행되고 있는 장충체육관의 모습(출처 : 기아대책 http://www.kfhi.or.kr)

오스틴의 영향력을 보면서 부모들은 각성할 필요가 있다. 요즘은 봉사도 스펙 쌓기의 일환으로 여기는 사람들이 많다. 얼마나 불쌍한 인생인가! 스펙 그 너머를 볼 줄 알아야 한다. 위대한 일은 어른들만 하는 것이 아니다. 누군가를 돕는 데는 나이나 돈이 중요한 게 아니다. 청소년이라고 해서 얕보아서는 안 된다. 어른들은 안 될 이유를 찾지만 아이들은 할 수 있는 것을 찾는다. 내가 가지고 있는 것으로 전 세계를 바꿀 수는 없지만 한 사람의 세계는 바꿀 수 있는 것이 아닌가! 우리의 청소년들도 오스틴과 다를 바 없다. 위대한 일을 할 수 있다는 것이다.

1그램의 행동이 1톤의 생각보다 위대하다. 모든 기적 같은 위대한 일들은 1그램의 행동에서 시작한다. 생각만 아무리 1톤만큼 해봤자 그것은 생각에 그칠 뿐이다. 기억하라 '1그램의 기적'을.

만방의 모럴 파워 교육

네 번째 파워는 '모럴 파워'다. 도덕적인 능력을 높여야 사회로부터 존경받는 인재가 된다.

모럴 파워 Tip

1. 정직의 중요성을 가르친다
- 거짓말은 인성의 파괴, 상호 신뢰의 파괴, 공동체의 파괴를 불러온다.
- 정직한 아이들은 집중력이 높고, 공격성이 낮고, 친구관계가 좋고, 삶에 대한 만족도가 높다.
- 정직할수록 경쟁력이 높아진다.

2. 부모 공경을 가르친다
- 부모에게 매주 편지를 쓴다.
- 부모도 자녀에게 편지를 쓴다.
- 부모에게 "사랑합니다, 감사합니다"라고 고백한다.
- 학교는 부모-자녀 간의 갈등 해결사가 된다.

3. 나눔의 기쁨을 알게 한다
- 매주 조별로 양로원 봉사를 간다.
- 학생들 스스로 만든 만방장학재단을 통해 세계 곳곳의 도움이 필요한 지역을 조사하여 돕는다.

가정을 향한 모럴 파워 제안

1. 정직했을 때 성공한 사례를 찾아보자!
앞으로의 사회는 정직이 경쟁력인 사회다. 당장의 이익을 위해 불의를 행할 것을 요구하는 현 사회에서 어떻게 정직을 지켜나갈 수 있을지 생각해보고, 정직이 최고의 경쟁력임을 알 수 있는 성공한 사람이나 기업을 찾아 연구하는 활동을 해보자.

2. 한 달에 하루, 자원봉사나 기부를 하자!
자녀들과 함께 한 달에 하루는 자원봉사를 해보자. 아파트나 골목의 쓰레기를 줍거나 양로원, 고아원 등 주변에 도움이 필요한 곳에서 자원봉사를 해보자. 또는 한 달 용돈의 하루치를 다른 사람에게 기부해보자. 삶의 가치는 다른 사람과 함께하는 마음에 있다.

3. 나의 뿌리를 찾아보자!
세대 간의 소통이야말로 어른들의 지혜와 도덕성을 배우는 중요한 통로다. 조부모와 대화를 나누게 하자. 자녀들에게 뿌리를 찾고 그분들의 지혜를 배우게 하자.

4. 아동 결연에 참여하자!
월드비전, 컴패션, 기아대책기구, 유니세프, 세이브더칠드런, 굿네이버스 등 결식아동과 결연을 해보자. 결연 아동의 사진을 책상 위에 붙이고 아이가 보내오는 정기적인 편지를 읽다 보면 자연스럽게 남들을 위한 배려와 나눔의 모럴 파워가 높아진다.

세븐파워교육

대학이 공부의 목표인가? 그렇다면
회사나 조직의 부속품으로 성공할 것이다.
그리고 '죽었더라'가 삶의 결론이 될 것이다.

리더십 파워
Leadership Power

셀프 리더십

셀프 리더십, 바인더에서 시작하다

강규형의 『성과를 지배하는 바인더의 힘』이라는 책이 있다. 청소년에 맞게 우리 나름대로 개선하여 사용하고 있으며 이것을 '성장 바인더'라고 부르고 있다. 우리 학교에서는 학생들에게 그 책의 내용을 기반으로 자기관리를 하도록 돕고 있다. 인생 전반의 계획과 비전 혹은 사명선언문을 작성하게 하고, 앞으로의 계획을 장기, 중기, 단기 순으로 작성해나가도록 한다. 주간 계획은 기본이다. 시간을 정복하는 '프로'가 되어야지, 시간에 끌려가는 '포로'가 되어서는 안 된다. 다른 사람과의 경쟁이 아닌, 어제의 나와 경쟁할 때 발전이 있다. 이런 말이 있다. "미래를 종이에 적은 계획이 바로 '기록'이고, 기록된 과거의 결과물로 나오는 것이 바로 '계획'이다."

우리는 바인더를 통해 학생들에게 무엇보다 셀프 리더십을 길러준다. 언어적 표현 능력을 높이며, 계획하며 돌아보는 삶의 습관을 형성시켜준다. 우리는 다음과 같은 사항을 바인더에 기록하게 한다.

- 꿈과 비전, 사명선언문
- 월간 계획, 주간 계획, 일일 계획
- 좋은 습관 만들기 21일 프로젝트
- 생활비 관리
- 독서 관리
- Weekly Life를 부모에게 편지 형식으로 쓰기
- 감사 제목, 기도 제목
- 각종 감상문(특강, 여행, 영화 등)

유리의 바인더 예찬

"어느 순간부터 만방의 학생이라면 꼭 가지고 있는 것 중 하나가 바인더가 되었다. 바인더란 수첩의 한 종류로, 구멍이 뚫려 있고 스프링을 열 수 있어 굳이 찢지 않고도 종이를 쉽게 옮길 수 있다. 그래서 선생님께서 자료를 주시

세븐파워교육

거나 친구가 편지를 주면 어렵게 풀과 테이프를 이용하지 않아도 쉽게 내 바인더에 끼워 항상 들고 다닐 수 있다.

또한 모든 학생과 선생님들이 들고 다니는 똑같은 바인더와 차별화된 '나만의 바인더'를 꾸미는 재미도 쏠쏠하다. 천이나 종이로 커버를 만들어 입히거나 사진과 스티커로 꾸밀 수도 있다. 10대 청소년답게 다들 개성 있게 꾸미는데, 바인더에 정말 그 사람의 성격이 드러난다.

바인더를 오래 쓰다 보면 기록하는 습관도 절로 생긴다. 항상 옆에 있는 것이 바인더와 펜이기 때문에 하다못해 낙서라도 해볼까 하고 펜을 드는 것이다. 처음에는 바인더를 효율적으로 쓰는 법을 몰라 매일 종이만 버렸지만 오래 쓰다 보니 이제 바인더에 생활 계획, 명언 그리고 힘이 되는 사진 등 정말 필요한 것들을 기록하고 보관하게 되었다.

바인더를 쓰면 자료를 보관하기 쉬운 점도 있다. 내 바인더엔 내가 2년 전 받았던 성적표가 있는데 지금도 가끔 펼쳐보며 '아자, 아자! 더 열심히 하자'라고 다짐하게 된다.

상장이나 친구들에게 받는 편지도 대부분 우리 학교에서는 바인더로 준다. 그리므로 내 바인더에 끼워 보관하기가 참 좋아서 감사하다. 이렇게 좋은 바인더를 부모님께도 알게 해드리고 싶어 지난 여름방학에 부모님께 한 개씩 선물해드렸다. 바인더는 선물용으로도 참 좋은 것 같다. 누구에게나 선물해도 손색없고 각자의 개성에 맞춰 사용할 수 있기 때문이다. 지금 부모님께서는 바인더를 QT 공책과 일기장으로 사용하신다. 바인더를 쓰면 좋은 점이 이렇게나 많다니 역시 하나하나 살펴보면 세상에는 참 감사한 게 많은 것 같다."

잘 정리된 학생들의 바인더. 바인더를 통해 시간을 정복하는 프로로 거듭난다.

세븐파워교육

바인더를 쓰다 보면 시간이 지나면서 점점 자기관리 능력, 즉 셀프 리더십이 향상되는 것을 경험한다. 무엇보다 계획하는 습관을 가지다 보니 시간 낭비가 줄어들고 충동적인 활동의 시간도 줄어든다. 자기관리 능력이 매우 향상되는 것이다. 바인더 쓰기와 함께 학생들에게 꼭 추천하는 책이 있는데, 호아킴 데 포사다의 『마시멜로 이야기』다. 청소년들에게는 온갖 유혹이 덮쳐오기 때문에 자기관리에서 실패할 확률이 매우 크므로 반드시 성공의 포인트인 만족지연 능력을 길러주어야 한다. 유찬이의 독서 감상문을 소개한다.

『마시멜로 이야기』는 한 연구소에서 네 살 정도 된 아이들을 대상으로 한 실험이다. 각 방에 한 명씩 아이를 들어가게 하고, 마시멜로를 준 후 15분 동안 먹지 않고 참으면 하나를 더 주겠다고 약속한다. 15분 후, 약속대로 참은 아이도 있고 참지 못한 아이도 있었다. 14년 뒤 그 아이들을 다시 찾아 살펴보니 참았던 아이들이 학업 성적과 스트레스 관리, 친구관계 등이 더 좋은 것을 발견할 수 있었다. 마시멜로 이야기는 바로 이 실험을 주제로 쓰인 이야기다.

이 책에 나오는 주인공 라이언은 늘 계획 없이 과거의 일과 자신의 즐거움만 보며 살아왔다. 이 부분에서의 모습은 나와 비슷했다. 늘 계획 없이 숙제가 있으면 하고 없으면 딴짓을 하며 지냈고, 나의 편의를 위해 열심히 노력하지도 않았다. 하지만 라이언은 나와 다르게 하루하루 변화되는 삶을 살아가기 시작한다. 찰리 아저씨를 만나 마시멜로 이야기를 들은 라이언은 계속 발전하고 자신의 앞길을 막는 게임 역시 모두 삭제했다.

나는 이런 내용을 읽고 놀랄 수밖에 없었다. 나 역시 좋은 가르침의 말을 선생님께 들을 때는 결심하지만, 늘 행동으로 옮기지 못하고 쉽게 포기할 때가 많았기 때문이다. 그래서 누구보다 계획 없이 살던 주인공이 결심하고 행동으로 옮겨 계획을 체계적으로 짜는 모습은 나에게 큰 도전이 되었다. 동시에 행동으로 옮긴 후 나에게 찾아오는 결과에 대한 기대감을 갖게 만들었다.

눈앞의 유혹에 넘어가지 않고 참는 것이 왜 필요할까? 그것은 꿈을 이룰 수 있게 도와주기 때문이다. 우리는 살면서 여러 유혹에 빠진다. 라이언의 경우에는 컴퓨터 게임, 게임 아이템, 늦잠 등 많은 유혹들이 있었다. 나 역시도 딴짓, 쓸데없는 대화 등에서 벗어나지 못한 채 시간을 낭비하며 살아가고 있었다. 그러나 그런 유혹들을 이기고 자신의 꿈을 이루기 위해, 눈앞의 유혹을 참고 지금 해야 하는 일을 해내는 연습을 한다면 꿈으로 한 발짝 더 나아갈 수 있을 것 같다는 생각이 든다.”

셀프 리더십이 세워진 사람은 공동체에 영향력을 주게 되어 그가 속한 커뮤니티의 리더가 될 가능성이 크다.

공동체 리더십

우리는 리더십을 매우 강조한다. 왜냐하면 공부하는 이유가 결국 남들과의 삶 가운데 선한 영향력을 발휘하는 것이기 때문이다. 무엇보다도 서번트 리더십을 강조한다. 교실에서, 동아리에서, 생활관에서, 목장 모임… 등에서 많은 그룹을 만들어 리더십을 배양하는 데 힘쓴다.

영진이의 서번트 리더십

"만방에 온 지도 2년 반이라는 시간이 되었다. 이 2년 반이라는 시간 동안 많은 것들을 배웠고 나 자신 또한 변해갔다. 그중에서 특히 리더에 대해서 많이 배웠고 리더에 대한 나의 생각이 많이 변하게 되었다. 리더라고 하면 주로 앞에서 이끄는 사람, 멋있어 보이는 자리라고 생각했다. 나는 한국에 있었을 때 나름대로 리더 자리에 많이 있었고 경험도 많았다. 그래서인지 어디에 가서든 내가 리더이고 싶었고 잘할 거라는 자신감이 있었다. 하지만 이 모든 생각과 자신감이 만방학교에 온 후로 다 깨지게 되었다. 만방에서 배운 리더는 내가 생각하는 것과는 달랐다. 우리 학교에서 리더는 '섬기는 자'다. 나 또한 이제 과거와는 달리 리더는 섬기는 자라고 생각한다. 그래서 나의 이야기를 좀 해보려 한다.

만방에 와서 임원이라는 자리를 맡게 되었을 때 나는 열정적으로 최선을 다해 임했었다. 그런데 내가 하는 것만큼 잘되지 않았고 아이들 또한 불만을 많이 가졌었다. 나는 나름 잘하고 있다고 생각하고 있었는데 이렇게 되니 좌절하기도 하고 '왜?'라는 의문을 가지고 살아갔었다.

그러던 중 교장 선생님께서 '우리는 우리 마음속에 사랑을 가지고 섬겨야 한다'라고 말씀해주셨다. 그런데 나는 아무리 생각해봐도 무슨 말인지 이해가 되지 않았다. '리더는 그냥 앞에서 이끌기만 하면 되는 거 아닌가? 내가 왜 사랑을 가지고 섬겨야 하지?'라는 생각이 들었다. 그래서 나는 왜 내가 사랑으로 섬기지 못하는지를 생각해보았다. 그리고 얻은 답은 이러했다. 한국에는 선후배라는 관계가 있기 때문에 위에서 시키면 하는 상황이지만 만방은 다르다. 선후배가 아닌 형, 동생 관계가 있는 우리 학교에서 그냥 맹목적으로 시킨다면 하지 않을 것이고, 한다고 해도 선을 이루지 못할 것이다. 즉, 나는 만방학교에서 한국의 방식대로 하려고 했다는 것을 알았다. 그러니 섬기는 게 잘 되지 않았던 것이다.

이것을 깨닫고 난 뒤 나는 '그럼 어떻게 행동해야 할까?'를 생각해보았다. 내가 생각한 것은 생활관에서 화장실, 세탁실, 샤워실, 휴게실 등의 공공장소를 내가 먼저 청소하는 것이었다. 그 당시 층장을 하고 있었기에, 또 내 마음에 '섬김'을 가지기 위해 하게 되었다. 원래라면 아이들을 시켜서 청소해야 하는데 그냥 내가 했다. 처음에는 '이게 과연 좋은 방법일까, 내가 잘하고 있는 걸까' 하고 헷갈리기도 했다. 그렇게 한 달이 지나니 나의 마음이 변해갔다. 솔직히 내 마음을 위해 청소한 것이지만 정확하게는 무엇인가 해야 했기 때문에 한 것이었다. 그런데 처음 나의 마음과 달리, 우리 동생들이 좀 더 편하게 쓰도록, 또 깨끗한 것을 주고 싶어졌다. 그러던 중 깜짝 놀랄 일이 발생했다. 동생들이 응원하며 손수 도와주는 것이었다. 그럴 때마다 늘 마음이 따뜻해졌고 '그래 이 아이들에게 내가 줄 수 있는 것을 다 주자'란 마음을 가지게 되었다.

이렇게 말하기는 쑥스럽지만 그때 이후로 내 마음에 동생들을 향한 사랑이 생긴 것 같다. 내 마음에 사랑이 생긴 후 나는 매우 놀랐다. 처음에 불만을 가지고 나에게 이야기하던 동생들이 이제는 내가 무엇을 하자고 말하면 따라주는 것이었다. 내 말을 경청해주었고 더 나아가 날 응원해주었다. 그제야 나는 교장 선생님의 말씀을 이해하게 되었다.

리더가 되기 위한 조건은 능력이 아니다. 내가 느끼고 배운 것은 '사랑'이다. 리더는 사랑이 있다면 리더십을 얻게 된다. 사랑을 가진 리더는 구성원들에게 계속 주고 싶기 때문이다. 그것도 '최고의 것'으로. 내가 남을 사랑한다면 주기 위해 나를 성장시킬 것이다. 그렇기에 사랑 그 하나면 되는 것이다. 지금도 나는 리더가 되고 싶다. 그냥 앞에서 이끌고 멋있어 보이는 리더가 아닌 '섬기는 리더'가 되고 싶다. 사랑을 가지고 세상에 나아갈 것이다. 그리고 세상에 나눠 줄 것이다."

우리는 이것을 '화장실 리더십'이라 부르기로 했다. 낮은 자리로 내려가는 리더십이다. 영진이의 리더십은 처음에는 매우 권위적이었다. 그러나 그것이 공동체 안에서 좋은 영향력을 발휘할 수 없다는 사실을 깨달은 뒤, 자발적으로 화장실 청소를 하기 시작했다. 처음에는 영진이에 대해 불평을 늘어놓았던 생활관 동생들의 마음도 영진이의 화장실 청소로 인해 활짝 열리기 시작했다.

찬희의 생활관 방장 리더십

이런 깨달음을 얻은 사람은 영진이뿐만이 아니다. 이번에는 찬희의 글을 소개하고 싶다. 이 글을 보면서 생활관 방장이야 말로 가장 좋은 리더십 코스라는 것을 발견한다. 생활관에서 방장의 역할이 매우 중요한 만큼, 방장을 맡고 나면 학생의 리더십이 폭풍 성장하는 것을 발견하곤 한다.

"이번 학기 처음으로 방장이라는 자리를 맡게 되었다. 처음 방장 자리를 맡으면서 정말 많은 것을 배우고 느꼈다. 방장이라는 자리는 방 식구들에게 가장 직접적으로 영향을 주는 중요한 자리다. 그래서 가장 먼저 배운 것은 방

세븐파워교육

식구들을 이끌어야 한다는 책임감이다. 나는 신입생들이 아닌 재학생 아이들과 지내고 있어 사소한 것을 일일이 챙겨주지 않아도 되지만 학교에 대해 잘 알고 있고 학교에 대한 생각이 많은 아이들인 만큼 더 잘 이끌어줘야 하고, 붙잡아줘야 한다는 것을 느꼈다.

두 번째로, 방 식구들에게 모범이 되어야 한다는 것을 배웠다. 나도 지금까지 방장 언니들의 행동 하나하나에 정말 많은 영향을 받았다. 어떤 좋은 말보다 행동으로 직접 보여주는 것이 더 큰 영향을 미친다. 그러기에 말보다는 행동으로 보여주는 모범이 아이들에게는 더 도움이 된다. 그리고 방 식구들에게 지적을 할 때에 '나는 어떤 모습을 가지고 있었나' 하고 되돌아볼 수 있기에 나에게도 정말 큰 도움이 되었다.

세 번째로, 소통을 배웠다. 우리 방이 다른 방들과 다르게 특별한 점이 있다면 우리는 서로에 대해 많은 이야기를 해준다는 것이다. '너는 이 색깔이 어울려, 언니는 이 색깔이 어울려!' 이렇게 사소한 것부터 많은 것을 서로에게 말해준다. 이러한 시간들을 통해 서로에게 더 진심으로 다가갈 수 있고, 또 방 식구들을 통해 자기 스스로가 어떤 사람인지 알게 되었다.

마지막으로, 동생들에게 나의 약한 모습까지 보여줘야 한다는 것을 배웠다. 나는 동생들에게 약한 모습을 보이는 것을 정말 싫어했다. 하지만 아이들이 고민이 있을 때나 힘들어하고 있을 때 어쩔 수 없이 나의 약한 모습을 예로 들어 이야기해줄 수밖에 없었다. '나도 정말 부족했어. 하지만 지금은 이렇게 변화될 수 있었는걸?' 이렇게 말해주면 아이들은 이 말을 통해 힘을 얻고, 변화되려 노력했다. 또 이런 약한 모습을 보여줌으로써 나에게 좀 더 진심으로 다가온다. 그러기에 더 가까워질 수 있었다. 그리고 지인이를 통해 변화의 기쁨을 느낄 수 있었고, 세현이를 통해 감정에 얽매이지 않아야 한다는 것을 다시 한 번 느끼게 되었고, 규민이를 통해 의지력을 배울 수 있었다.

희진이의 부목자 리더십

"제 생각에 만방학교는 '만방 속 가족 공동체'가 정말 실현되는 곳이라고 생각합니다. 우리는 아직 다 자라지 않은 어린 청소년들입니다. 우리가 이 어린 나이에 가족을 떠나, 익숙한 학교와 인정받던 내가 속한 모든 사회를 떠나 새로운 곳에서 적응하는 것은 쉽지만은 않습니다.

제가 신입생 때 저희 목장에서 받았던 관심이나 배려들은 감사를 알게 하였고, 많은 도움이 되었습니다. 공부나 리더십 이외의 생활에서도 정말 많은 것을 배울 수 있었습니다. 그래서 저는 만방의 목장이 중요하다고 생각합니다. 또 하나의 가족이 되고 또 하나의 사랑이 만들어진다고 생각하기 때문입니다.

그렇게 중요한 목장이기에 부목자도 참 중요하다고 생각합니다. 부목자라고 교만하지 말고 먼저 섬겨야 한다는 것을 느낍니다. 친구들에게 더 먼저 다가가고, 더 먼저 섬겨주어야 한다고 생각합니다. 매주 위클리 라이프를 걷고 모임 장소를 알려주는 일만 하는 것이 아니라, 친구들의 여러 고민들도 들어주고 더 나아가 그 고민을 해결하도록 도와주고 더 성장하도록 인도해줄 것입니다."

이 글은 희진이가 부목자가 되고 나서 나름대로 작성한 결심서다. 목장의 목자 선생님과 더불어 부목자는 매우 중요한 역할을 한다. 부목자가 된다는 것은 누구에게나 리더십을 인정받는다는 의미다. 방장을 통해 네 명에서 여섯 명 모임의 리더십을 훈련받은 다음, 열두 명 정도의 목장 모임의 실질적인 리더가 되는 것이다. 우리 학교에서 가장 중요한 리더십 훈련은 방장과 부목자를 통해서 이루어진다. 목원들의 엄마, 아빠 역할을 해보는 것이나 다름없다. 따라서 부목자의 역할이 매우 중요하다. 그래서 우리는 부목자가 되면 매주 다음의 체크리스트를 통해 자신을 돌아보는 시간을 갖게 한다.

- 나의 삶이 먼저 모범이 되는지
- 나의 중심이 바로서기 위해 Quiet Time을 갖기(3회 이상)
- 나 자신부터 훌륭한 팔로워 되기(선생님, 임원에게)
- 매일 목장 친구들에게 따뜻한 격려와 대화 나누기
- 주 1회 이상 목장 친구들과 깊은 대화 나누기
- 소외된 친구가 있는지 둘러보고 같이 시간 보내기
- 주 2회 목자 선생님 찾아가기
- 이중적인 모습 없이 진실함으로 섬기고 사랑하기
- 목장 친구들의 도움 요청에 기쁨으로 도와주기
- 목장 친구들을 위해 기도하기
- Weekly Life, 감상문 등 제시간에 걷어서 제출하기
- 독후감 장려하기

부목자 체크리스트

이름: **박병준**   날짜: **11/25 ～ 12/1**

항목	체크	내용
나의 삶이 먼저 모범이 되는지	–	남들이 됐다 했을지 모르겠지만 아직도 부족한 면이 있는듯하다.
나의 중심이 바로 서기 위해 큐티하기 (3회 이상)	✓	시편 2장 쓱쓱
나 자신부터 훌륭한 팔로워 되기 (선생님, 임원에게)	✓	감사하는 마음으로 따랐다.
매일 모든 목장 친구들에게 따뜻한 격려, 대화나누기	✓	만나는 친구마다 기쁘게 인사했다 오히려 격려 받았다.
주 1회 이상 목장원과 깊은 대화나누기	✓	목장원들과 외박해서 한명 한명 나누었다.
소외된 친구가 있는지 둘러보고 같이 시간 보내기	–	소외된 친구 1명도 없었다. (그 어떤 면으로도 …)
주 2회 목장 선생님 찾아가기	✓	weekly , 용돈 , 외박계획 등
이중적인 모습 없이 진실함으로 섬기고 사랑하기	✓	성공 여부 모르겠지만 이중적인 모습 만큼은 없었다.
목장 친구들의 도움 요청에 기쁨으로 도와주기	✓	서로 도와먹었다 …
목장 친구들을 위해 기도하기	✓	한명 한명씩 생각하며
Weekly Life/감상문 등 제시간에 제출하기	✓	
독후감 장려하기	–	내가 오히려 장려 받았다.

병준이의 부목자 체크리스트

누구나 리더가 될 수 있다

리더란 무엇인가? 우리 학교는 '리더란 학급에서, 운동장에서, 생활관에서, 목장에서, 동아리에서, 어디에서든지 친구들에게 선한 영향력을 발휘하는 사람'이라고 가르친다. 특별한 능력과 스펙을 가진 사람만 리더가 되는 것이 아니다. 자신이 가진 것을 얼마나, 또 어떤 방법으로 선하게 공동체에서 발휘할 수 있느냐가 관건이다.

리더십 향상에 도움이 된다는 책들은 무수히 많지만, 그런 책들을 모두 읽어도 한번 부딪쳐보지 않으면 리더십을 발휘할 수가 없다. 우리 학교 학생들은 리더십을 삶으로 배운다. 그런 다음, 매주 리더십에 관한 책을 읽고 독후감을 쓰거나 세미나를 한다. 그러면 몸으로 느꼈던 것을 아주 체계적으로 잘 정리해주는 효과가 있다.

성훈이가 만방학교를 졸업하고 북경대학에 입학한 후, 만방학교 생활을 회고하며 쓴 글이 공동체 리더십 훈련의 가장 좋은 설명이 될 것 같다.

"만방학교에서 지내온 지난 몇 년 간, 내가 배운 '리더십'은 나를 성장하게 만들었고, 나의 생각과 삶의 방식을 송두리째 바꿔놓았다. 난 열네 살 때 중국 만방으로 유학을 오게 되었다. 어린 나이 때부터 만방학교에서 내가 보고, 듣고, 느끼고, 경험한 것은 바로 '리더십'이었다. 어렸을 때는 리더십이 무엇인지도 잘 모르고, 이해도 안 갔지만 시간이 지남에 따라 자연스럽게 리더는 무엇이며 어떤 역할을 하는 사람인가에 대해 관심을 가지게 되었고, 또 학교

안에서의 여러 가지 경험을 통해 직접적으로 배울 수 있었다.

리더십은 곧 영향력이다. 리더는 비전과 목표를 향해 함께 갈 수 있도록 이끌어 가는 영향력의 사람이다. 난 이 매력적인 '리더십'에 푹 빠지게 되었다. 그런 나에게 선생님들께서는 진정한 리더가 무엇인지 알려주시고, 더 나아가 몸소 본을 보여주셨다. 올바른 것을 판단하여 바른 길로 이끌어나갈 줄 아는 지혜와, 앞으로 무작정 끌기보다는 뒤에서 섬기며 높여주는 온유한 리더십과, 모든 상황 속에서 감사할 줄 알며 어떤 어려운 역경도 이겨낼 수 있는 강인한 마음을 가르쳐주셨다. 잘하는 학생 몇 명만 리더를 하는 것이 아니라 생활관과 목장 모임, 자치적으로 운영하는 학생회를 통한 공동체 생활에서의 마음가짐과 행동에 대해 교육해주시며 누구나 리더가 될 수 있는 기회와 환경을 제공해주셨다.

고등학생이 된 후 학생회 임원으로 섬기면서 귀하고 값진 경험들을 많이 했다. 임원회의 주최, 양로원 방문 기획, 학교 행사 진행, 동생들과의 상담 등등… 중고등학생 시절에 배울 수 없는 리더십 수업을 배우며 훈련하였다. 리더십에 대한 깊이 있는 연구와 생각을 통해 나의 리더십 역량을 증폭시키는 시간이 되기도 했다. 그 후 동생들에게 리더십 향상 프로젝트를 진행하며 내가 몸소 배운 노하우와 리더가 가져야 할 올바른 성품, 또 리더십에서 가장 중요한 신뢰에 대해 나누며 함께 성장할 수 있는 시간을 가지기도 했다.

아직도 내가 가야 할 리더의 길은 멀고 험하다. 하지만 난 기대한다. 앞으로 세상에 나아가 진정한 리더의 모습으로 세상의 빛과 소금이 되어, 전 세계인들에게 선한 영향력을 발휘하고 새로운 역사를 쓸 모습을 말이다."

소셜 리더십

공부해서 남 주는 아웃리치, 소셜 리더십의 인텐시브 코스

만방에서는 여름마다 학생들이 소학교 학생들에게 영어를 가르쳐주는 활동을 한다. 그것은 우리 학교의 아웃리치(Outreach)다. 우리는 아웃리치 기간 동안 직접 밖으로 나가서 활동을 함으로써 많은 것을 배우고 느낀다. 아웃리치를 통해서 배우는 것은 평소에는 그리고 다른 곳에서는 쉽게 얻을 수 없는 것이기에 학생들은 여름이 올 때마다 아웃리치를 기다린다.

아이들을 가르치는 기간은 일주일이 채 안되지만, 일주일쯤 전부터 준비를 한다. 맨 처음에 그룹이 편성되는데, 전교생이 12개 정도의 그룹으로 나뉘며 각 그룹마다 한 명의 그룹 리더, 두 명의 부리더가 세워진다. 모든 학년이 섞이기 때문에 혹 친하지 않은 사람과도 같은 그룹에서 만나게 된다. 서먹서먹하지만 점점 한마음이 되어가고 그 과정에서 서로를 이해하는 법을 배운다.

그룹이 편성되면 그룹끼리 모여 결심과 마음가짐을 나눈다. 그리고 함께 아웃리치 준비를 위해 기도한다. 하루하루 무엇을 가르칠지, 어떤 방법으로 가르칠지, 어떤 활동을 넣을지에 대해 아이디어를 나눈다. 그리고 편성된 그룹 안에서 또 세 명씩 네 개의 팀으로 나누어 하루하루 수업을 담당한다.

지인이가 직접 겪었던 아웃리치를 아주 디테일하게 묘사하여 이 글을 읽다 보면 머릿속에 상상의 동영상이 만들어지는데 그의 글을 소개한다.

"가장 최근에 했던 아웃리치에서 나는 수요일 담당 팀이었다. 동생들 세 명과 함께 우리 수업의 테마를 정하고 준비를 했다. 우리가 정한 테마는 운동이었기 때문에 우리는 농구공 등의 공들을 모으고 PPT를 만들었다. 동요도 준비했고 게임도 만들었다. 우리는 불안감과 기대감을 가지고 수업을 준비했다. 나에게는 네 번째 아웃리치였지만 항상 언니, 오빠들을 도와서 만들기만 했지 한 번도 내가 동생들을 이끌어서 일을 해본 적이 없었기 때문에 긴장이 많이 되었다. '왜 우리 그룹에는 나이 많은 언니, 오빠가 없을까?'라고 원망도 많이 했다. 그렇지만 부담이 되고 긴장이 될 때마다 주변의 언니, 오빠들이나 동생들이 격려를 해주었기에 수업 준비를 끝까지 할 수 있었던 것 같다. 그렇게 3일 동안 모임을 갖고 수업 준비를 하면서 점점 수업의 형태를 갖추어나

갔다.

　다음 날, 드디어 시뮬레이션을 하는 시간이 되었다. 나는 엄청난 긴장감에 제대로 말도 못하고 웃지도 못했다. 그렇게 시작한 우리의 시뮬레이션은 엉망이었다. 영어로 진행해야 하는 수업인데 자꾸 입에서는 중국어가 튀어나왔다. 결국엔 영어도 아니고 중국어도 아닌 이상한 말만 하고 말았다. 게다가 PPT는 왜 나와야 할 땐 안 나오고 안 나와야 할 때는 나오는지, 정말 울고 싶은 마음이 가득했고 다 포기하고 싶었다. 그때의 절망감과 무거웠던 마음을 아직까지 잊지 못한다. 내가 참 무능력하게 느껴졌고, 나를 따라주던 동생들한테도 미안했다. 막 눈물이 터져 나오려고 할 때, 우리 그룹 리더 오빠가 나한테 이야기 좀 하자고 했다. 그 오빠는 충분히 잘하고 있다고 격려하며 내가 다시 힘을 내서 준비할 수 있게 도와주었다. 지금 생각해도 참 고맙다. 그 당시 나에게는 지금도 충분히 잘하고 있다는 격려가 필요했던 것 같다.

　시뮬레이션을 망친 뒤, 우리는 더 열심히 준비했다. 마지막으로 우리는 우리가 가르칠 반의 아이들 이름을 제비뽑기했다. 아웃리치를 할 땐 한 명씩 아이들 이름을 뽑아 그 아이에게 특별히 관심을 가져주고 챙겨주고 기도해준다. 내가 뽑은 아이는 추이티엔쉬라는 남자아이였다. 얼굴도 모르는 그 아이가 내일 꼭 오게 해 달라고, 마음을 열게 해달라고 기도했다.

　다음 날, 아이들을 만났다. 아웃리치를 할 때마다 느끼지만 아이들이 참 귀엽다. 생글생글 웃는 아이들을 보면 기분이 좋아진다. 웃는 게 너무 예쁜 아이들이지만, 첫날이라 그런지 잘 웃지 않았다. 그래서 우리들은 아이스 브레이킹(Ice breaking)을 하기로 했다. 자기소개를 하고 같이 사진을 찍고 명찰도 만들었다. 생각보다 적극적인 아이들의 모습에 너무나 감사했다. 내가 뽑은 아이는 다행히 학교에 와주었다. '이거 하자, 저거 하자' 그러면 말로는 '우이 쒸' 하면서도 제일 열심히 해주었는데, 그 모습이 너무나 귀여웠다. 자꾸 뛰어다녀서 나도 같이 뛰어다녀야 했는데 내가 헉헉대는 모습을 보면서 참 재미있어 했다. 그렇게 우리는 조금씩 친해졌다.

아이스 브레이킹이 끝나고 수업을 할 때도 아이들은 큰 소리로 웃어주었고 대답도 잘해주었다. 게임도 하고 율동도 하고, 4교시의 수업이 너무 짧게만 느껴졌다. 아쉬움을 뒤로하고 '내일 보자' 인사를 한 후 밥을 먹고 그룹끼리의 모임 시간을 가졌다. 1시간 정도를 쉬었는데도 육체적으로 너무 힘들었다. 아이들이랑 놀아준다고 뛰어다니고 업어주고 그럴 땐 힘든 줄 몰랐었는데, 아이들이 가고 나니까 너무 피곤해서 몸이 축축 늘어졌다.

그래도 우리는 기도로 독수리 같은 새 힘을 구하며 내일의 수업을 준비했다. 점심을 먹고 다시 모여 준비하고, 순식간에 저녁 시간이 되고…, 그런 식으로 3일을 보냈다. 3일 동안 아이들과 많이 친해졌고 아이들도 우리에게 마음의 문을 열어주었다. 몸은 힘들었지만 마음은 정말 행복했다.

함께 있는 게 익숙해지려고 할 때, 마지막 날이 되었다. 마지막 날, 아쉬운 마음으로 카메라를 챙겼다. 아이들에게 나누어 줄 사탕 팔찌를 챙겨 문 앞에서 아이들을 맞이했다. 아이들을 보는데 어제, 그제까지는 안 들었던 울컥한 마음이 들었다. 그래서 더 아이들과 붙어 있으려고 했고 사진도 더 많이 찍으려고 노력했다.

마지막 날은 각 조마다 아이들과 장기자랑을 하는 날이었다. 아이들과 그

동안 배운 율동과 노래를 한 번씩 하고 페이스 페인팅을 했다. 우리 모두는 얼굴에 빨간 하트를 그리고 무대에 올라가서 율동을 했다. 나는 아이들 앞에서 율동을 했기 때문에 모든 아이들을 볼 수 있었다. 아이들이 열심히 율동하는 걸 보며 얼마나 흐뭇하던지…. 아이들이 정말 사랑스러워 보였고 헤어진다는 게 정말 아쉬웠다. 장기 자랑이 끝나고 아이들의 부모님이 오셔서 아이들을 데리고 가셨다. 아이들이랑 우리는 서로 정말 아쉬워하며 작별 인사를 했다. 꼭 다시 만나자고 약속하고 안아주는데 눈물이 났다.

매년 여름 아웃리치 하는 모습. 시골의 한족 초등학생과 함께 노래도 하고 영어도 가르치는 시간을 갖는다.

아웃리치 끝! 우리 그룹은 마지막 모임을 갖고, 소감문을 쓰고 느낀 점을 나눴다. 그동안 즐거웠지만 걱정과 부담도 많았던 터라 끝나면 홀가분하고 좋을 것 같았는데, 너무 서운하고 씁쓸하고 마음 한편이 텅 빈 것 같았다. 나눔 시간에도 감사가 끊이지 않았고 하나님이 함께하셨던 시간이었던 것 같다. 나로서는 참 값진 것을 배운 시간이었다. 고단하지만 언제나 하나님과 함께했기에 즐겁고 행복한 시간이었고 바꿀 수 없는 소중한 추억이다. 현장에 나가 사랑을 나누어 줄 수 있다는 것에 감사하다. 나는 아웃리치가 참 좋다. 아직 한참 남았지만 난 벌써부터 다음 아웃리치를 기다린다."

이렇게 매년 진행하는 아웃리치 프로그램이다. 봄 학기를 마친 뒤, 여름방학을 시작하기 전 일주일 동안 초등학생들을 대상으로 영어를 가르치는 프로그램이다. 남들을 가르쳐본다는 것은 커다란 도전이 아닐 수 없다. 영어뿐만 아니라 중국어를 동시에 해야 하는 상황이 되는데, 선생님들은 옆에서 보고만 있고 하나부터 열까지 모두 학생들 스스로 해결해나가게 한다.

아웃리치 프로그램을 통해 얻을 수 있는 유익들은 아래와 같다.

- 직접 교안을 작성함으로써 프로젝트를 기획하는 능력을 키운다.
- 다중 언어를 구사하게 한다.
- 다중 문화를 체험한다.
- 팀워크를 배운다.
- 언어와 문화가 다른 아이들을 직접 가르쳐보면서 리더십을 키운다.

• 우는 자와 함께 울고, 웃는 자와 함께 웃어주는 사랑의 마음이 길러진다.

실제로 아웃리치를 경험한 아이들의 소감을 들어보면 몇 권의 책이나 말보다 더 많은 것을 배우는 것 같았다. 자기가 맡은 아이를 아들, 딸이라고 부르며 부모도 되어보고, 직접 선생님이 되어봄으로써 선생님의 마음도 헤아려보고, 영어와 중국어를 함께 구사하며 언어 소통의 중요성도 피부로 느껴보고…. 아웃리치를 한번 하고 나면, 공부하지 말라고 해도 공부하게 된다. 또 모두들 착해진다. 학생들의 소감을 몇 개 옮겨 적어본다.

"아웃리치를 통해 직접 가르쳐보며 우리 선생님들의 마음을 알았어요. 아이들에게 무엇을 어떻게 가르쳐야 잘 알아들을지도 생각해야 하고, 아이들의 기분도 헤아리면서 무슨 일이 있는지 없는지 하나하나 다 신경 써줘야 하고, 부족한 부분들도 보충해줘야 하고, 여러모로 손이 많이 가더군요. 선생님들께서 우리를 위해 정말 많이 수고하신다는 것을 알게 되었어요."

"가르치면서 공부의 소중함을 깨달았어요. 잘 가르치기 위해서 결국 내가 많이 알고 잘 전달할 줄 알아야 한다는 것을 알았어요. 공부든 뭐든 항상 열정적으로 하겠습니다. 그동안 선생님들의 속을 썩인 게 너무 죄송해요."

"더 많은 변화를 체험하고 싶어요. 함께 힘을 합치니까 무슨 일이든 해낼 수 있다는 귀중한 교훈을 얻었어요. 내년에 아웃리치를 할 때는 더 단합하여 한마음으로 아이들에게 다가가 사랑을 나누고, 더 성장하는 제가 되겠습니다."

"아이들에게 환영받기 위해서는 내가 먼저 마음을 열고, 내가 먼저 다가가야 한다는 것을 배웠어요."

"아웃리치를 통해 영어와 중국어 모두 자신감을 갖게 됐어요. 중국어로 영어를 가르치는 것이 쉽지 않았지만 할 수 있다는 것을 확인했어요."

중국어와 영어로 글로벌 리더십을 키워라

"16세기는 스페인이 지배했고, 그 후 200년은 프랑스가 중심에 있었다. 19세기는 대영제국의 시대였으며, 20세기에는 미국이 세계의 패권을 쥐었다. 지금은 중국의 시대다. 중국인은 세계 최고의 자본주의자. 대륙의 미래를 사라."

조지 소로스와 동업자였고, 세계 금융시장의 인디애나 존스라는 별명을 가진 투자의 귀재 '짐 로저스'의 책 『백만장자 아빠가 딸에게 보내는 편지』에 나오는 구절이다. 미국의 시대에서 중국의 시대로 옮겨가는 메가트렌드를 언급하고 있다. 미국 정부에서도 '10만 스트롱'이라는 국가적 프로젝트를 통해 중국 전문가들을 기르고 있다. 현재 중국에 온 유학생 분포를 보면 한국 다음이 미국이라는 사실을 통해서도 미국이 중국의 시대를 준비하고 있다는 것을 잘 알 수 있다. 로저스는 이런 말을 했다.

"내 생애 최고의 투자는 두 딸에게 중국어를 가르치는 것이다."

한 번은 오토바이로, 또 한 번은 자동차로 세계 여섯 대륙을 누비며 각국의 경제 현실을 눈으로 확인하고 몸으로 체험했던 그는 '19세기가 영국의 시대,

20세기가 미국의 시대였다면 21세기는 중국의 시대가 될 것이라고 확신한다'
라고 내다봤다.

우리 한국은 어떠한가? 영어로만 공부하는 인터내셔널 스쿨에 보내려고
자녀의 국적까지 허위로 만든다. 왜 그리 어리석은 짓을 해대는지 어이가 없
을 뿐이다. 이런 부모들은 분명 로저스의 방식과는 다르게 살고 있다. 즉, 로
저스는 투자를 생각할 때 한참 잘나가는 것에는 투자하지 말라고 한다. 오히
려 저평가된 주식이나 상품, 심지어 국가에 투자하도록 독려한다. 심지어 북
한의 붕괴가 머지않았다고 하며 북한에 투자해야 할 때라는 말까지 하고 있
다. 오죽하면 그가 『어드벤처 캐피털리스트』라는 책까지 썼겠는가.

공부도 일종의 투자다. 투자에 비유하자면 공부는 단기 투자가 아니라 장
기 투자다. 그렇다면 지금 당장의 인기를 생각하기보다는 짧게는 십 년 뒤,
길게는 삼사십 년 뒤까지도 내다볼 줄 알아야 한다. 메가트렌드를 볼 줄 아는
식견이 필요한 것이다. 그래서 미래를 보고 공부할 외국어, 유학할 나라를 고
려할 필요가 있다. 투자 관점으로 공부를 바라보라. 백년 뒤는 몰라도 적어도
지금 살고 있는 어린이부터 청년들에 이르기까지는 영어뿐만 아니라 중국어,
두 외국어를 잡아야 하는 시대에 살아가야 할 것이다. 영어만 가지고는 부족
하고, 그렇다고 중국어만으로도 부족하다. 두 가지를 다 잡아야 하는 시대로
접어들고 있다.

우리는 이 두 가지를 잡기로 했다. 중국어와 영어. 그래서 만든 프로그램이
CEBP(중국어, 영어 이중 언어 프로그램)다. 쉽게 말하면 중국을 잡고 미국, 영국,
캐나다, 호주 등 영어권을 정복하는 공부 프로그램이다. CEBP는 중국에서

중국어를 마스터하고 중국 문화를 익힐 뿐 아니라, 체계적인 영어 커리큘럼과 미국 중고등학교 커리큘럼을 배우고 한층 더 나아가 AP(Advanced Placement) 프로그램에 도전한다. 동시에 다양화된 과외활동과 사회봉사가 함께 유기적으로 결합된 시스템으로, 중국과 미국 '두 마리 토끼'를 잡는 것을 목표로 하고 있다. 즉, 한국 내 다수의 영어권 인터내셔널 스쿨과 차별화된 프로그램을 운영하고 있는 것이다. 이미 그 결과들이 나오고 있다. 미국 칼리지보드에서 우리 학교를 AP 프로그램을 가르칠 수 있는 학교로 몇 년 전부터 허가해주었다. 그때만 해도 전 중국에서도 불과 30~40개의 최고 명문 고등학교에만 인가를 해주었다. AP 프로그램이란 미국 고등학교에서 대학 과정을 미리 이수하는 제도로서 만일 고등학교 때 이수하고 시험을 통과하면 대학에서도 그 학점을 인정받게 되는 것이다. 최근에는 미국의 최고 명문대 입학에 있어서 높은 수학 능력을 증명하는 중요한 방법으로 받아들여지는 추세여서 AP 과목을 수강한 학생은 미국 명문대 입학률이 높아진다. 만방학교에서는 AP Calculus, AP English Language and Composition, AP Economics, AP World History 등 다양한 AP 과목들을 학생들의 수준과 진로 방향에 맞추어 개설하고 있다. 미국의 스탠퍼드대학교를 비롯하여 캐나다, 호주, 유럽 등지의 여러 명문대에 만방의 졸업생들이 포진하고 있다.

다중 문화 리더십을 키워라

CEBP 학생들은 중국과 세계 강국들의 교육을 함께 받음으로써 세계를 더 잘 이해하고 시야가 넓어지는 것을 느끼고 있다고 한다. 그럼 학생들의 평을 들어보도록 하자.

"사회과목이라고 할 수 있는 미국의 Social Studies와 중국의 사상품덕 수업을 비교하자면, Social Studies는 미국의 장점과 단점을 모두 소개하고 의견을 물어보는 방식이고, 사상품덕은 중국의 좋은 점들을 말해주고 단점들은 '해결해나가야 할 점' 같은 것으로 소개하며 중국을 매우 희망적으로 보여주는 형식이죠. 두 방식으로 모두 배우니 각 나라의 문화를 더 잘 이해하고 두 나라 입장에서 모두 생각해볼 수 있어 좋아요."(박준영)

"중국 친구들과 중국어로 수업을 듣다가 CEBP실에 들어와서 영어로만 대화하고 미국인 선생님과 영어로 수업을 하고 친구들과 한국어로 이야기하면서 3개 국어를 다 사용할 수 있는 기회가 있는 학교는 정말 만방학교뿐인 것 같아요."(윤선영)

"세 가지 언어를 동시에 배우다 보니 요리조리 비교해보며, 하나를 배우면 둘을 더 알게 되는 효과를 얻어서 좋아요. 한국어, 중국어 그리고 영어 이 세 가지 언어를 모두 사용해서 사람들의 마음을 움직이고 더 넓게 영향력을 주는 사람이 되고 싶어요. 저의 꿈은 국제변호사가 되는 거예요. 국제적인 큰 문제뿐만 아니라 삶이 어려운 외국인 근로자들, 장애인들의 인권을 위해 변호해줄 수 있는 사람이 되고 싶어요. 이렇게 영어권의 나라와 중국 사람들에게 많은 영향력을 주고 세상을 변화시키기 위해서 필요한 것이 바로 언어를 다양하게 하는 것이라고 생각해요."(김채린)

"미국에서 태어나 할 줄 아는 언어는 영어밖에 없었는데, 만방학교에 와서 한국어와 중국어를 할 줄 알게 됐어요. 언어를 배운다는 것은 단순히 문법이나 어떤 특성을 넘어 언어에 담겨 있는 문화를 배울 수 있고 더 큰 시야를 갖게 되는 거라서 정말 좋아요."(Erin)

Erin은 이렇게 말하며 이렇게 멋진 결론의 말을 덧붙였다. "다른 언어들을 앎으로 사람들을 구해줄 수 있다. 왜냐하면 서로 다른 두 나라 사이의 다리가 될 수 있기 때문이다(Knowing different languages can save lives because it can be the bridge between two different countries)." 단순한 스펙 쌓기가 아닌, 돈을 많이 벌기 위함이 아닌 목적이 분명한 언어 공부를 하고 있다는 생각에 얼마나 흐뭇하던지….

실례로 구한말 우리나라에 선교사로 온 언더우드는 한국인들의 교육을 위해 연세대학의 전신인 연희전문학교를 만들었다. 사실 그가 이룩한 중요한 업적 가운데 하나는 무엇인줄 아는가? 그는 먼저 한국어를 열심히 배웠다. 그리고 1890년도에 영한 및 한영사전을 발간했다. 이것이 우리나라 최초의 영어사전이다. 그 덕분에 많은 한국인들이 영어를 쉽게 배울 수 있었고, 다른 한편으로는 많은 외국인들이 한국어를 쉽게 배울 수 있는 다리를 놓았다.

21세기 리더십, 어떤 리더십이어야 할까?

첫째, 다중 문화적(Multi-cultural)이어야 한다. 즉, 타 문화를 이해할 줄 아는 포용의 리더십이어야 한다. 이제 우리나라도 세계 각국의 사람들이 모여들고 있다. 또한 앞으로 미국인과 비즈니스만 하는 것이 아니라 인도, 중국, 베트남, 터키 등의 타 문화권 사람들과 비즈니스를 해야 한다.

둘째, 글로벌(Global)해야 한다. 이는 영어를 잘하는 것만으로는 부족하다는 의미다. 미국만 바라봐서는 안 된다. 이제 한국의 대미 무역이 아니라 대중 무역이 가장 활발하다. 세상이 돌아가는 메가트렌드를 놓쳐서는 안 된다.

셋째, 서번트 리더십(Servant Leadership)이다. 서번트의 역설을 아는가? 스스로 낮아지면 높아지는 것, 내가 높이는 것이 아니라 남들이 나를 높여주는 것이 바로 우리가 추구해야 할 리더십이다. 우리는 이러한 리더를 Multi-cultural Global Servant Leader라고 부른다. 우리가 만들고자 하는 인재 양성의 목표다. 그래서 학교는 지식을 쌓는 곳이 아닌 파워를 기르는 파워스테이션, 곧 '파워나지움'이어야 하는 이유다.

만방의 리더십 파워 교육

다섯 번째 파워는 '리더십 파워'다. 타 문화를 이해할 줄 아는 포용의 리더십, 사회와 나라와 세계에 영향을 미치는 글로벌 리더십, 스스로 낮아지며 섬김으로써 높아지는 서번트 리더십을 길러야 한다.

리더십 파워 Tip

1. 성장 바인더를 통해 셀프 리더십을 길러준다

성장 바인더에 적는 내용
- 꿈과 비전, 사명선언문
- 월간 계획, 주간 계획, 일일 계획
- 좋은 습관 만들기 21일 프로젝트
- 생활비 관리
- 독서 관리
- Weekly Life를 부모에게 편지 형식으로
- 감사 제목, 기도 제목
- 각종 감상문(특강, 여행, 영화 등)

2. 교실, 동아리, 생활관, 목장 모임 등 많은 그룹을 만들어 서번트 리더십을 길러준다

부목자 리더십 체크리스트
- 나의 삶이 먼저 모범이 되는지
- 나의 중심이 바로서기 위해 Quiet Time을 갖기(3회 이상)
- 나 자신부터 훌륭한 팔로워 되기(선생님, 임원에게)

- 매일 목장 친구들에게 따뜻한 격려와 대화 나누기
- 주 1회 이상 목장 친구들과 깊은 대화 나누기
- 소외된 친구가 있는지 둘러보고 같이 시간 보내기
- 주 2회 목자 선생님 찾아가기
- 이중적인 모습 없이 진실함으로 섬기고 사랑하기
- 목장 친구들의 도움 요청에 기쁨으로 도와주기
- 목장 친구들을 위해 기도하기
- Weekly Life, 감상문 등 제시간에 걸어서 제출하기
- 독후감 장려하기

3. 여름마다 아웃리치를 함으로써 소셜 리더십을 길러준다

아웃리치 프로그램의 유익
- 직접 교안을 작성함으로써 프로젝트를 기획하는 능력을 키운다.
- 다중 언어를 구사하게 한다.
- 다중 문화를 체험한다.
- 팀워크를 배운다.
- 언어와 문화가 다른 아이들을 직접 가르쳐보면서 리더십을 키운다.
- 우는 자와 함께 울고, 웃는 자와 함께 웃어주는 사랑의 마음이 길러진다.

가정을 향한 리더십 파워 제안

1. 자녀에게 인생 곡선 그래프를 그리게 해보자!
태어났을 때부터 현재까지의 삶을 돌아보며 '0'을 기준으로 인생에 일어난 주

요 사건들을 '+ 지수(나를 기쁘게 하거나 성과를 나타낸 정도)' 혹은 '- 지수(실패하거나 어려움에 처한 정도)'로 표시해보자. 그리고 각 사건의 포인트마다 느낌, 생각, 배운 것 등을 정리하게 하자. 과거를 되돌아봄으로써 현재의 나를 이해하는 것이 셀프 리더십의 출발이다.

2. 자녀에게 인생 로드맵을 그리게 해보자! (현재 → 미래)
20대부터 60대까지 10년씩을 기점으로 하여 미래 자신의 모습을 그리면 자신이 살고자 하는 삶의 방향이 한눈에 보일 것이다. 꿈은 바라기만 한다고 해서 저절로 오지 않는다. 원대한 꿈을 향한 작은 비전들, 그 비전들을 향한 성실한 노력이 꿈을 향해 가는 과정을 더욱 빛나게 한다.

3. 좋은 팔로워가 되게 하자!
좋은 리더의 전제 조건은 좋은 팔로워가 되는 것이다. 가까이 있는 좋은 리더인 선생님을 존중하게 하자. 선생님이 하시는 말씀에 귀를 쫑긋이 세우고 집중하여 들어보게 하고 실천해보자. 때로는 선생님께 손 글씨로 쪽지나 편지를 써서 배우고자 하는 의지가 있음을 표시하게 하자.

4. 친구들의 공부를 도와주게 하자!
자녀에게 자신이 잘하는 과목이 있다면 다른 친구들에게 그 과목을 잘할 수 있는 노하우를 알려주게 하자. 리더는 자신만 성장하는 것이 아니라 다른 사람의 성장을 도와야 한다. 친구들에게 공부하는 방법을 나누는 것이야말로 리더가 되는 가장 빠른 길이다.

세븐파워교육

SEVEN POWER
EDUCATION

건강한 뇌가 공부를 잘한다.
뇌가 건강해지려면?
운동과 음식이 답이다!

바디 파워
Body Power

운동화를 신은 뇌

'0교시 체육수업'이라고 들어보았는가? 이 말은 존 레이티라는 하버드 의대 임상정신과 교수가 처음으로 사용한 것으로, 그의 책『운동화를 신은 뇌』의 첫 장 제목이다. 이 책을 보면 미국 일리노이주의 네이퍼빌 센트럴 고등학교에서 실시한 '0교시 체육수업'의 효과 실험이 나온다. 학교 신입생들을 대상으로 0교시 시간에 심장박동 측정기를 단 채, 운동장을 1.6km 정도 달리게 한 것이다. 한 학기가 지난 후 '0교시 체육수업'에 참여한 학생들은 학기 초에 비해 읽기와 문장 이해력이 17% 증가했고, '0교시 체육수업'에 참가하지 않은 아이들보다 성적이 2배나 높았다.

레이티 교수의 책은 평소 학부모들이 갖고 있던 고정관념을 뒤엎는다. 체력이 고갈돼 공부할 여력이 없어질 거란 생각에 체육수업을 줄이기만 급급했던 우리나라의 교육도 조금씩 바뀌고 있는 추세다. KBS뉴스를 통해서도 방송된 바 있는, 서울의 한 고등학교는 이미 0교시 체육수업을 실천하고 있었다.

"아침에 1교시를 보면 알 수 있는데 뭔가 흐릿흐릿해요, 머리가. 그런데 운동하고 나면 (머리가) 굉장히 맑아요."(김우재, 구현고 2학년생)

이 학교는 두 달 동안 한 반 학생들에게 정규수업 전에 운동으로 하루를 시작하도록 했는데, 그 결과는 놀라웠다고 한다. 교사가 평가한 수업 집중도 등 생활 태도 지수에서 운동을 한 학생들은 평균 플러스 6.2점으로 적극성이 향상된 반면, 운동을 안 한 반은 마이너스 1.9점을 기록한 것이다. 그뿐만이 아니다. 참여 학생 10명 가운데 8명의 1학기 중간고사 성적이 올랐고, 특히 수학은 운동을 하지 않은 학생들보다 상승폭이 훨씬 컸다. 공부는 체력이 뒷받침되어야 한다는 오래된 진리를 재확인시켜준 셈이다.

운동의 뇌과학

우리 학교는 2003년 개교할 때부터 지금까지 '0교시 체육 수업'을 해왔다. 우리는 아침 6시에 기상하면, 전교생이 운동장에 모인다. 그리고 아침 조깅을 30분간 진행한다. 잠을 깨우는 것이 아니라 뇌를 깨우기 위한 것이다. 그 외에도 많은 바디 파워 프로그램이 있다.

• 매일 아침 기상과 함께 조깅을 30분 한다.

• 텐텐(10시 10분) 운동(체조 및 조깅)을 30분 한다.

• 전교생이 태권도를 한다.

• 토요일 동아리 3개 가운데, 한 개는 반드시 운동 종목을 선택한다.

• 겨울철에는 전교생이 학교 아이스링크에서 스케이트를 탄다.

• 전교생 반별 농구 리그전을 한다.

• 체력 증진을 위한 기초 체력 테스트를 매 학기 실시한다.

• 스포츠 댄스를 배우고, 여학생들에게 배드민턴을 강조한다.

레이티 교수는 '기억력과 사고력을 주관하는 전두엽은 책상에 앉아 공부해야 기능이 좋아지기도 하지만, 운동을 통해서도 마찬가지로 활성화된다'고 말한다. 한마디로 사고하는 뇌와 운동하는 뇌는 별 차이가 없다는 것이다. 더욱이 운동을 하면 뇌신경세포의 성장과 분할을 촉진하고 신호 전달이 원활히 이뤄지게 하는 '신경세포 성장인자(BDNF: Brain Derived Neurotrophic Factor)'

의 생성을 촉진하기 때문에 전체 두뇌가 고루 개발될 수 있다는 장점이 있다. BDNF란 뇌세포의 생성과 성장을 돕는 일종의 영양 비료라고 보면 된다. 재미난 사실은 유산소 운동을 하게 되면 BDNF의 농도를 높일 수 있다는 사실이 발견됐다. 90년대 이후에 밝혀지는 과학적 비밀들이다. 결국 운동을 하면 머리가 좋아질 수 있다는 것이다.

나가에 세이지 교수가 쓴 『두뇌개발 학습법』을 보면 일본의 복지대학 구보타보 키소우 교수가 달리기와 기억력의 관계를 연구했는데, 주 2~3회 달리기를 하는 사람과 그렇지 않은 사람을 대상으로 단기 기억량의 차이를 조사했다. 달리기를 시작하기 전의 단기 기억량은 두 그룹 모두 65% 정도였다. 그러나 12주 후에 테스트를 해본 결과 달리기를 계속한 그룹의 정답률은 95%로 향상되었고, 달리기를 하지 않은 그룹은 70%에 그쳤다.

걷기나 조깅 같은 유산소 운동은 우리 몸의 심폐 기능을 향상시켜준다. 심장은 평상시에는 1분간 약 5리터의 혈류를 보내지만, 유산소 운동을 함으로써 열 배에 해당하는 1분에 50리터의 뇌혈류를 만든다. 그만큼 뇌에 산소와 영양소를 보내 뇌의 활동을 활발하게 해주는 것이다. 운동은 뇌에 새로운 혈관을 형성할 뿐만 아니라 모세혈관의 부피를 확장시켜서 혈류 증가와 함께 뇌기능을 향상시킨다.

레이티 교수는 운동이 두뇌에 미치는 영향은 엄청나다고 강조한다. 첫째, 건강한 정신 환경이 형성되며 집중력이 높아진다. 둘째, 공부에 적합한 신경 전달물질을 조성해 신경회로를 확장함으로써 세포 차원에서 새로운 정보를 받아들일 태세를 갖추게 한다. 셋째, 해마에서 줄기세포가 새로운 신경세포로 발달하는 과정을 촉진한다. 운동과 두뇌의 메커니즘을 정리하자면 다음과 같다.

"운동을 한다 → 심장박동수가 높아진다 → 뇌혈류량이 많아진다 → 뇌에 산소 및 영양공급이 많아진다 → 뇌세포가 활성화된다 → 집중력, 기억력 등 학습력이 높아진다 → 성적이 오른다"

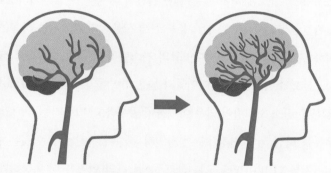

뇌혈류 증가는 곧 뇌기능 향상과 연결된다.

EBS 다큐프라임의 「학교 체육, 미래를 만나다」라는 프로그램을 보면, 네이퍼빌의 학교에서는 중요한 수업을 체육 시간 뒤에 배치하고 있다. 예를 들어, 수학이 좀 부족한 아이에게 수학 시간 전에 체육을 하도록 하는 식이다. 그러면 수학 시간에 집중력이 높아진다는 것이다. 운동을 하면 뇌세포 숫자가 늘어나 전달할 수 있는 정보의 양도 커지기 때문이다. 하지만 새로 생긴 세포는 그냥 두면 곧 사라지고 만다. 그 세포가 살아남아 뇌 안에서 정보 전달에 쓰이는 새로운 시스템이 되려면 풍부한 자극이 필요한데, 체육 수업 뒤에 다소 어려워 보이는 수업을 배치한 것은 체육을 통해 새로 생긴 뇌세포에 자극을 주려는 목적인 것이다. 네이퍼빌의 '0교시 체육수업' 프로젝트를 시작한 롤러와 젠타스키는 이렇게 말했다.

"체육 교사들이 새로운 뇌세포를 만들어내면, 다른 교사들은 그 속에 내용물을 채워 넣는 것이다."

뇌 건강에는 근력 운동보다 유산소 운동이 더욱 효과적이다. 왜냐하면 뇌는 산소에 살고 산소에 죽기 때문이다. 인간의 뇌 무게는 몸무게의 2%에 지나지 않지만, 뇌가 사용하는 산소량은 전체 사용량의 20%라는 사실은 무엇을 의미하는가? 미국 일리노이대학교의 카스텔리 박사가 초등학생 259명을 대상으로 산소 소비량이 낮은 아이들과 높은 아이들의 학습 능력을 조사해보았다. 결론은 산소 소비량이 많은 아이들이 공부를 더 잘한다는 것이었다. 유산소 운동을 하면 뇌의 신경세포 성장인자 생성이 촉진된다. 이것은 뉴런에 새로운 가지를 더 많이 만들도록 하고, 뉴런 간의 연결을 더 촘촘하게 만든다. 한마디로 뇌신경세포 간의 네트워크를 튼튼하게 하여 정보 전달 능력을 빨라지게 하는 것이다.

성적을 더 높이고 싶은가? 그렇다면 뛰어라. 고득점은 발바닥에서 나온다. 공부만 하면 머리만 피곤해진다. 운동으로 뇌세포를 건강하게 만들며 공부에 임하면, 새로운 뇌신경회로가 왕성하게 만들어지게 된다. 뇌가 더욱 똑똑해진다는 이야기다.

체육수업을 살려라

이제는 체력이 하나의 스펙이다. 체력을 단련하기 가장 수월한 시기가 바로 청소년기다. 체력이 좋은 학생이 공부도 잘한다는 사실은 이미 무수히 많은 실험들로 밝혀졌다. 전주교대 체육교육학과 박용연 교수가 초등학생 382명을 대상으로 한 실험에 의하면, 체력장 및 체질량지수(BMI)가 좋은 학생일수록 성적이 좋았다. 이제는 체력단련으로 자녀의 경쟁력을 높여주자.

우리는 체육수업의 장점을 십분 이용하고 있다. 학생들에게 운동 경기를 하는 법을 가르치기보다는, 건강을 관리하는 법을 가르치는 데 핵심을 둔다. 그것이 곧 아이들의 건강한 삶으로 이어지기 때문이다. 청소년기의 학생들에게 운동이 중요한 이유를 정리해보자.

첫째, 스트레스를 극복하도록 도와준다. 요즈음 청소년들은 공부로 스트레스가 극에 달해 있다. 뇌에 과부하가 걸릴 때, 불안감과 긴장감을 느끼게 해서 코르티솔의 분비가 촉진되기 때문이다. 그러나 운동은 만성 스트레스로 생기는 과잉 코르티솔을 제거해준다.

둘째, 생활이 즐거워진다. 운동이 항우울제보다 더 효과적이라는 연구 결과는 많이 알려져 있다. 운동을 하면 세로토닌과 BDNF, 뉴런들 사이의 연결이 모두 늘어나 우울증이나 불안증으로 오그라든 해마의 상태가 좋아진다. 기분이 즐거워지면 전반적인 생활 태도도 개선되고, 다른 사람들과 사회적인 관계를 유지하거나 새로운 관계를 맺기도 쉽다.

셋째, 공부 의욕이 높아진다. 의욕과 관련된 주요 신경전달물질인 도파민이 감소했을 때, 운동을 하면 낮아진 도파민의 수치가 다시 높아진다. 도파민으로 뉴런 간의 연결이 강화되면서 자동적으로 의욕이 높아지고, 성적도 향상되는 것이다.

장을 다스리는 자,
뇌를 다스린다

- 탄산음료를 많이 섭취한다.

- 햄버거 등의 패스트푸드 섭취량이 많다.

- 채소는 잘 먹지 않는다.

- 아침을 거르는 경우가 많다.

- 식사 시간이 불규칙하다.

- 편식이 심하다.

청소년들의 식습관 트렌드를 목록으로 정리한 것이다. 자신 또는 자녀의 식습관을 체크해보자. 목록과 일치하는 것은 몇 가지인가? 질병관리본부의 2013년 발표를 보면, 일주일에 세 번 이상 탄산음료를 마시는 청소년은 4명 중 1명꼴이었다. 주 5일 이상 아침식사를 거르는 청소년은 역시 4명 중 1명을 초과했다. 일주일에 햄버거, 피자 등 패스트푸드를 세 번 이상 먹는 청소년은 10명 중 1.3명 수준이었고, 하루 세 번 이상 채소를 먹는 청소년은 10명 중 1.6명이었다. 이런 식습관은 청소년기의 아이들에게 어떤 결과를 초래할까?

아침식사가 성적을 좌우한다

농촌진흥청은 2002년도에 대학 1~2학년 학생들을 대상으로 재밌는 조사를 한 바 있다. 아침식사와 수능 성적 간의 관계를 조사한 것이다. 조사 결과, 대입 수험생 시절 매일 아침식사를 한 학생들이, 일주일에 5번 이상 아침식사를 하지 않은 학생들보다 수능 점수에서 평균 20점이 높았다. 아침식사 횟수가 일주일에 5~6일이라고 응답한 학생들보다는 10점이 높았고, 일주일에 3~4일 아침식사를 한 수험생들보다 13점 높았다. 즉, 아침식사 횟수가 많아질수록 수능 점수가 높다는 것이다. 수능 점수에서 1, 2점 차이가 얼마나 큰지는 수험생이나 수험생을 둔 부모라면 너무나 잘 알 것이다. 본인이 진짜 원하는 학과를 1점 차로 가지 못하는 경우가 비일비재한데, 무려 13점 차이라니. 내신등급도 같은 결과를 보이고 있다. 아침식사를 하는 학생일수록 내신등급이 높게 나왔다.

일본에서도 이와 유사한 실험을 한 바 있다. 중학교 1학년생들 가운데, 주요 5과목을 테스트한 결과 아침을 매일 먹는 학생들의 정답률은 62.7%였는데 비해, 아침을 먹지 않는 학생들의 정답률은 57.1%였다.

이 결과는 무엇을 의미하는가? 아침식사가 두뇌활동에 영향을 미친다는 것이다. 뇌는 무게가 약 1.4kg밖에 안 되지만 에너지 소비량은 약 20%로 장기 중에서 가장 높은 편에 속한다. 뇌의 에너지원은 포도당으로, 매시간 5g의 포도당을 사용한다. 하지만 뇌가 포도당을 생산하거나 저장하는 것이 아니라, 간이 뇌를 위해 글리코겐 상태로 저장했다가 필요할 때마다 포도당으로 분해하여 공급한다. 그러나 간이 저장할 수 있는 글리코겐의 양은 60g이다. 즉, 간이 뇌에 포도당을 공급할 수 있는 시간은 12시간인 것이다. 저녁식사를 오후 7시에 하고 다음날 아침까지 간식을 먹지 않았다면, 아침 7시까지는 포도당을 공급할 수 있는 계산이 나오는 것이다. 그렇다면 아침 7시에는 적어도 아침식사를 해야 한다. 뇌에 보내는 간의 포도당이 고갈되었기 때문이다. 이런 상황에서 아침식사를 하지 않고 학교를 갔다고 생각해보자. 뇌가 동면을 취하지 않으면 안 될 것이다. 이런 상황에서 집중력을 기대한다면 도둑놈 심보다. 그러고도 성적이 잘 나오길 기대한다면 허황된 꿈인 것이다.

음식을 꼭꼭 씹어 먹는 것도 뇌를 활성화하는 데 한몫한다. 꼭꼭 씹는다는 것은 비단 소화에만 좋은 것이 아니다. 두 마리의 쥐를 가지고 이런 실험을 하였다. 한쪽 쥐에게는 딱딱한 음식만 주었고, 다른 쥐에게는 분말상태의 음식을 주었다. 그리고 지능검사를 해본 결과 딱딱한 음식을 먹은 쥐의 성적이 더 좋았다고 한다.

우리 학교에서는 아침 6시에 일어나 조깅을 하기 때문에 샤워 후 한 명도 빠짐없이 아침식사를 맛있게 한다. 뇌에 에너지가 공급되고, 뇌혈관을 확장시켜놓은 상태에서는 눈이 말똥말똥할 수밖에 없다. 아침에 조는 학생들이 거의 없는 이유다. 뇌에 에너지와 산소 공급이 충분하기 때문에 집중력과 끈기가 좋아지는 것이다.

장을 다스리는 능력이 필요하다

식사란 무엇인가? 내 입을 통해 음식이 내 몸(뇌를 포함하여)에 들어와서 나의 모든 세포와 통합하는 과정을 식사라고 정의할 수 있다. 그렇다면 내 입이 좋아하는 것만 먹을 것인가, 아니면 내 혈관과 뇌가 좋아하는 음식을 먹어야 할 것인가? 그 답은 쉽게 얻어질 수 있다. 내 입의 즐거움을 위해 인스턴트와 패스트푸드, 온갖 육식으로만 배를 채운다면 그야말로 이런 것을 가지고 '죽쒀서 개 준다'라고 말할 수 있다.

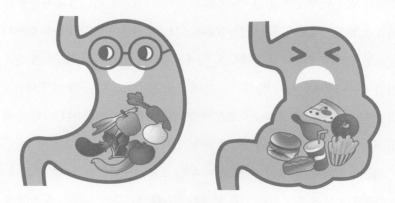

장이 건강해야 뇌도 건강하다.

    사람의 몸에는 100조 마리의 세균이 산다. 세균의 총 무게는 약 1~1.5kg으로 간의 무게와 비슷하다. 세균은 장에 가장 많이 존재하는데, 장내에는 유익균, 중립균, 유해균이 함께 서식하고 있다. 만약 유해균이 좋아하는 음식만 먹는다면 어떻게 되겠는가? 유익균은 기아에 허덕일 것이고, 유해균은 행복에 겨워하며 그 수가 날로 증가할 것이다. 그러므로 채소는 거의 안 먹고 고기류만 먹는다면, 유해한 균에 조공을 바치는 것과 다를 바가 없다. 오죽하면 이런 농담도 나오겠는가. 식인종들이 못 먹는 식품으로 '현대인'을 리스트에 올렸다고.

    장내 유해균이 득세하면 비만, 변비, 아토피, 과민성 장증후군, 방귀 냄새의 악취 등의 현상이 나타날 수 있다. 유해균은 단백질과 지방을 먹고 살고, 유익균은 탄수화물과 식이섬유를 먹고 산다. 둘이 완전 다른 식습관을 가지고 있다. 그러니 우리 입을 통해 무엇이 들어가는지가 결국 우리 몸이 어떻게 변할 것인지를 결정한다. 장내 세균들은 우리가 먹는 음식의 한계와 공간의 한계가 있기 때문에 균의 인구수는 크게 변하지 않는다. 따라서 유해균이 많아지면 유익균의 숫자가 줄어들 수밖에 없다. 이 때문에 우리의 음식 습관이 중요한 것이다. 유해균이 많아지면, 이에 대응하기 위해 유익균도 함께 많아지면 얼마나 좋겠는가. 그렇다고 어떤 약물을 써서라도 유해균을 박멸해서도 안 된다. 적당한 양의 유해균으로 인해 면역력이 생기기 때문이다. 그래서 어릴 때는 적당히 지저분한 환경이 필요한 이유다.

최근에 급격히 많아지는 아토피 피부염은 그 원인을 몰라 '알 수 없고, 이상한'이라는 뜻의 '아토피'라 이름 붙여진 것이다. 피부과 치료로는 도저히 호전되지 않는 것이 아토피 피부염이었다. 그런데 그 원인이 최근에 밝혀졌다. 바로 면역체계의 균형이 깨진 것이 원인이었다. 그렇다면 면역체계가 깨진 이유는 뭘까? 바로 장내 유익균이 줄고 유해균이 활성화되어 면역체계에 필요한 비타민과 미네랄, 아미노산의 생산과 흡수가 떨어졌기 때문이다. 장내 유익균의 수를 늘려 장내 세균 생태계를 균형 있고 건강하게 맞춰주어야 한다. 즉, 아토피성 피부염과의 싸움에서 승리하기 위한 근본적인 방법은 장내의 유익균을 늘리는 것이다. 이에는 두 가지 방법이 있다. 유익균을 직접 먹는 방법과 장내의 유익균들이 더 많아지도록 식습관을 조절하는 것이다. 바로 식이섬유가 많은 채소와 유익균 식품인 김치 등의 발효식품을 먹는 것이다. 유익균은 장으로 들어온 음식을 분해하고, 영양분이 혈액으로 흡수되도록 돕는다. 결과적으로 몸속에서 비타민, 호르몬, 효소 등이 생산되고, 대사가 잘 이뤄지며, 세포들이 활성화되는 것이다.

장을 다스리는 자, 뇌를 다스린다

『제 2의 뇌』의 저자 마이클 거숀 교수는 컬럼비아대학의 신경생물학자다. 그는 현대 신경위장관학의 대부로 통한다. 우리 몸에는 소화기관을 따라 약 100미터에 이르는 신경계가 존재하고, 이는 식도에서 항문까지 뻗쳐 있다. 거숀 박사는 이 소화기관 신경계에서 세로토닌이라고 하는 신경전달물질이 핵심적인 역할을 한다는 것을 밝혔다. 또한 약물 혹은 우리가 먹는 음식, 기호식품이 소화기관의 신경계와 어떠한 상호작용을 하고 있는지를 꾸준히 연구해왔다.

그의 연구를 통해 장은 소화 기능 외에도 신경세포를 통한 신경전달물질 분비로 우리들의 기분과 행동에 영향을 준다는 것을 알 수 있다. 장이 건강하면 긍정적인 사고와 행동을 하게 되지만, 장에 유해균이 많고 유익균이 적으면 우울해지고 다양한 행동장애가 생길 수 있다.

우리들의 장과 뇌는 서로 영향을 준다. 장의 건강이 우리들의 정신건강에 큰 영향을 끼치고, 역으로 정신건강은 장의 건강에 큰 영향을 준다는 것이다. 거숀은 장내에서 세로토닌의 95%가 만들어진다는 사실을 밝혔다. 장내 유익균은 장내에서 행복물질인 세로토닌 합성을 돕는다. 이 세로토닌이 적절하지 않으면 감정 조절이 어려워지고, 때론 우울감도 느끼며, 짜증과 함께 공격성이 심해진다. 우리들의 감정의 큰 부분은 장에서 나오는 신경의 활동에 영향을 받는다고 할 수 있다. 장내 신경은 30여 가지가 넘는 신경전달물질을 사용하는데 이것은 뇌와 아주 흡사하다.

정리하면, 음식은 우리의 몸에만 영향을 미치는 것이 아니라 정신에까지 영향을 준다. 따라서 좋은 식습관은 다음과 같이 인생의 행복과 불행을 좌우한다.

"좋은 음식 → 유익균을 많게 한다 → 육체적으로 건강해지고, 정신적으로 긍정적이게 된다 → 똑똑해지고 장수한다"

"나쁜 음식 → 유해균을 많게 한다 → 육체적으로 면역체계를 헤치고, 정신적으로 불안해진다 → 각종 육체적 질병과 정신신경질환을 유발한다"

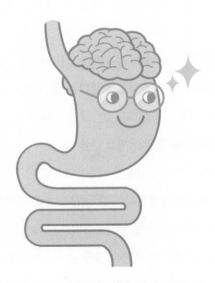

제2의 뇌, 장. 장과 뇌는 연결되어 있다.

세븐파워교육

식습관으로 자기를 사랑하라

『두뇌 음식』이라는 책을 쓴 조엘 펄먼을 아는가? 그는 피겨 스케이팅 선수로 활동하던 중에 다리 부상을 입었다. 의사는 다리 절단 수술을 해야만 한다고 처방했다. 하지만 그는 수술을 거부하고 단식을 선택했다. 그는 1년 뒤인 1976년 스페인에서 열린 세계 피겨 스케이팅 선수권 대회에 출전해 동메달을 땄다. 모두가 놀랄 일이었다. 그 일을 계기로 그는 음식이 인체에 미치는 영향에 관심을 갖게 되었고, 펜실베이니아 의과대학에 입학했다. 펄먼은 영양과 면역력을 중심으로 공부했다. 그는 졸업 후 가정의학과 전문의로 병원을 개업해 1년에 5천 명이 넘는 환자들을 상담할 정도로 의사로서 대단한 성공을 거두었다. 그가 고집한 것은 약이나 수술이 아니었다. 식생활 개선만을 고집했다.

펄먼은 음식이 아이의 두뇌에 얼마나 큰 영향을 미치는지 자신의 치료 경험을 소개한다. 11살짜리 조지 그랜트는 전교 꼴찌를 도맡아 하는 난폭한 폭력 성향의 아동이었다. 진정제까지 먹여봤지만 치료가 불가능했고, 그의 엄마는 지칠 대로 지쳐서 조엘 펄먼 박사를 찾아왔다. 박사는 3개월 동안 패스트푸드 대신 '두뇌 음식'을 먹였다. 그 결과는? 조지는 전교 1등을 할 정도로 학습에 착실한 학생이 되었다. 아이들은 신이 만든 최고의 면역체계를 갖고 태어난다. 하지만 유해균이 좋아하는 음식, 뇌를 배고프게 만드는 음식을 먹는다면 그의 미래는 불 보듯 훤하다. 부모의 음식 습관이 나쁘다면 자녀 역시 묻지 않아도 알 수 있다. 정크푸드를 좋아하는 부모 아래 정크푸드를 좋아하는 자녀가 있는 것이다.

자녀에게 음식 조절 능력을 길러줄 필요가 있다. 음식 조절 능력이 우수한 사람이 학습 성적도 좋다. 그 이유는 무엇일까? 전두엽이 해답이다. 전두엽이 발달된 사람이 공부를 잘하는데, 좋은 음식이 전두엽을 발달시킨다. 결론적으로 음식 조절 능력이 뛰어나면 전두엽의 발달을 가져오고, 자기 조절 능력이 뛰어나게 된다. 자기 조절 능력이 좋아지면 시간관리 등의 셀프 리더십이 커지게 된다. 이것을 '음식의 선순환'이라고 부를 수 있겠다.

음식 조절 능력이 두뇌 경쟁력을 높인다

공부를 한다는 것은 무엇인가? 열심히 밤을 새워 공부하면 공부가 잘될 것이라고 생각하는가? 그야말로 '나는 미련합니다'라고 말하는 것과 다를 바가 없다. 뇌를 공부할 수 있는 최적의 상태로 만들어주어야 한다. 왜? 공부는 결국 뇌가 하는 것이니까. 그렇다면 뇌가 움직일 수 있는 적절한 에너지가 필요하고, 장을 편안하게 만들어 뇌를 행복감에 젖게 해야 하며, 뇌혈류를 증가시켜주어야 한다. 그렇게 최적화된 브레인에 자극을 가하라. 새로운 지식이 머리에 쏙쏙 박히는 것을 경험할 것이다.

지금까지 요즈음 청소년의 잘못된 식습관을 살펴보면서, 영양섭취가 건강뿐만 아니라 학습 능력에 큰 영향을 미친다는 것을 알 수 있었다. 미래에 본인이 진짜 원하는 것을 하고 싶은가? 그렇다면 지금 입을 즐겁게 하는 정크푸드를 멀리하라. 정크푸드를 가까이할수록 꿈의 실현은 멀어질 것이다. 음식 섭취의 조절 능력도 또 하나의 능력이다. 건강한 식습관으로 바디 파워를 높여라. 결국 브레인 파워가 높아질 것이다.

만방의 바디 파워 교육

여섯 번째 파워는 '바디 파워'다. 건강한 식습관과 건강한 체력은 두뇌에 큰 영향력을 미쳐서 결국 브레인 파워를 높인다.

바디 파워 Tip

1. 0교시 체육수업 같은 바디 파워 프로그램을 통해 체력을 기른다
- 매일 아침 기상과 함께 조깅을 30분 한다.
- 텐텐(10시 10분) 운동(체조 및 조깅)을 30분 한다.
- 전교생이 태권도를 한다.
- 토요일 동아리 3개 가운데, 한 개는 반드시 운동 종목을 선택한다.
- 겨울철에는 전교생이 학교 아이스링크에서 스케이트를 탄다.
- 전교생 반별 농구 리그전을 한다.
- 체력 증진을 위한 기초 체력 테스트를 매학기 실시한다.
- 스포츠 댄스를 배우고, 여학생들에게 배드민턴을 강조한다.

2. 아침식사를 통해 성적을 높인다
- 뇌에 에너지와 산소공급이 충분하기 때문에 집중력과 끈기가 좋아진다.

3. 균형 잡힌 식습관을 통해 장을 튼튼하게 한다
- 정크푸드를 멀리 하고 식이섬유가 많은 채소와 유익균 식품인 김치 등의 발효식품을 먹어 유익균이 더 많아지도록 한다.
- 유익균이 많아지면 몸속에서 비타민, 호르몬, 효소 등이 생산되고, 대사가 잘 이뤄지며, 세포들이 활성화된다.

4. 우리의 장과 뇌는 서로 영향을 준다

• "좋은 음식 → 유익균을 많게 한다 → 육체적으로 건강해지고, 정신적으로 긍정적이게 된다 → 똑똑해지고 장수한다"

• "나쁜 음식 → 유해균을 많게 한다 → 육체적으로 면역체계를 헤치고, 정신적으로 불안해진다 → 각종 육체적 질병과 정신신경질환을 유발한다"

가정을 위한 바디 파워 제안

1. 가공식품과 인스턴트 음식을 줄여보자!

과자, 아이스크림, 라면, 피자 등 가공식품은 우리 몸과 두뇌에 좋지 않은 영향을 주는 것은 이미 잘 알려진 사실이지만 실천하기는 쉽지 않다. 독한 마음으로 30일 체크리스트를 만들어서 구체적으로 실천해보자.

2. 올바른 자세와 올바른 걷기에 대해 연구하고 실천하자!

공부하느라 책상에 오래 앉아 있어야 하는 학생들에게는 바른 자세가 매우 중요하다. 최근 건강한 삶을 위해 가장 기본적인 자세와 걷기의 중요성이 많이 부각되고 있다. 걷는 것도 제대로 배워야 한다. 수영을 배우는 물고기 심정으로 제대로 걷는 것부터 배워보자.

3. 리듬 댄스를 온 가족이 배워보자!

리듬 댄스는 학생들이 몰두하기 쉬울 뿐만 아니라, 즐겁게 출 수 있는 열린 댄스다. 경쾌한 멜로디에 쉬운 춤을 추면서 흥겨운 시간을 갖게 되면 스트레스 호르몬을 날려줘서 기분이 좋아지게 되고 공부 두뇌에 큰 영향을 미친다.

죽음을 보면 나의 삶이 보인다.
욕구를 위해 살 것인가,
가치를 위해 살 것인가?
삶의 궁극적 목적은 무엇인가?

Power Seven

스피리추얼 파워
Spiritual Power

죽음을 공부하라

죽음을 기억하라

"이번 시청각교육 시간은 정말 저에게 뜻깊었던 시간이었어요. 죽음에 대해 생각해보고 유언장도 써보면서, 내일 죽을 것 같이 열심히 살아야겠다고 다짐하는 시간이었어요. 엄마, 아빠도 한번 죽음에 대해서 생각해보는 시간을 가져보세요. 제가 유언장을 써보면서 미안하기도 하고, 고맙기도 하고…, 마구 눈물이 나더라고요."(조수아)

SBS에서 제작한 「유언, 죽음을 기억하라」라는 방송을 학생들과 함께 봤다. 이 영상은 죽음을 앞두고 유언을 남긴 사람들과 가상 유언을 남긴 사람들, 죽음의 문턱까지 경험한 사람들의 삶과 죽음에 대한 생각들을 통해 인생에 대한 새로운 가치를 생각하게 만드는 아주 좋은 작품이다.

영상을 본 뒤, 우리는 학생들과 각자가 곧 죽는다고 가정하며 죽음을 직시해보는 시간을 가졌다. 그리고 유언장을 쓰기로 했다. 처음에는 학생들이 전혀 생각해보지 않은 '죽음'이라는 주제라 그런지 별다른 감정을 보이지 않았다. 그러나 얼마 후, 여기저기서 콧물을 훌쩍이는 소리가 들리기 시작했다. 눈물을 닦는 녀석들, 두 눈을 지그시 감고 있는 녀석들, 열심히 펜으로 써 내려가는 녀석들, 교실은 매우 숙연한 분위기였다. 떠들기 좋아하는 녀석들도 이 시간만큼은 매우 진지해졌다.

우리 만방학교에서는 죽음에 대한 교육을 상당히 중요시한다. 정규 커리큘럼이 아닌 목장에서나 주일 모임에서 비정기적으로 죽음에 대한 이야기를 하는데, 때로는 유언장을 써보거나 임관 체험을 해본다.

유언장 쓰는 시간을 가져라

만방에서는 정규수업 시간이 아닌 목장 모임에서 죽음에 대한 주제 나눔을 할 때가 있다. 이때 조용하고 엄숙한 분위기 속에서 각자 묘비나 유언장을 쓰는 시간을 갖기도 한다. 한 아이의 유언장을 감상해보자. 본인의 장례식에 위로차 찾아온 조문객들에게 전해주는 편지 형식으로 썼다.

"제 장례식에 참여해주셔서 감사합니다. 대독은 제 가장 오래된 친구인 희라가 해줬으면 좋겠습니다. 그럴 리는 없지만 만일 희라가 저보다 먼저 죽는다면 제 동생 서진이가 해줬으면 좋겠습니다. 그동안 제 곁에 있어주었던 모든 분들께 고마움을 표현하고 싶습니다. 당신들이 있어서 저는 사는 동안 너무너무 즐겁고 행복했습니다. 사랑하는 엄마, 아빠! 엄마, 아빠는 제가 아는 모든 부모님 중에 가장 좋은 엄마, 아빠였어요. 두 분의 딸로 태어나서 너무너무 기쁘고 감사했어요. 엄마, 아빠뿐만 아니라 모든 사람들이 제가 떠나고 나서 저한테 못해준 게 생각나 미안해하지 않았으면 좋겠습니다. 제가 좋아하는 『엄마를 부탁해』라는 책에서 엄마는 세상을 떠날 때 딸한테 이렇게 말했습니다. '내가 떠나는 것 때문에 슬퍼하지 말아라. 나는 네가 있어서 기쁜 날들이 많았으니.' 저도 제가 떠나는 것 때문에 슬퍼하는 사람들에게 이렇게 말하고 싶습니다. '제가 떠나는 것 때문에 슬퍼하지 마세요. 미안해하지도 마세요. 저는 당신들이 있어서 기쁜 날들이 많았습니다. 저는 친구들과 친구 같던 언니, 오빠, 동생들이 있어서 기쁜 날들이 많았습니다. 이모, 이모부, 사촌들이 있어서 기쁜 날들이 많았습니다. 선생님들이 있어서 기쁜 날들이 많았습니다. 제 곁에 계셨던 모든 분들께 고맙습니다. 제게 기쁜 날들을 주셔서 저는 참 행복했던 사람입니다. 이 땅에서도 이렇게 기쁘고, 이제 천국에 가서 기쁘니까요. 저는 천국에서 모두를 기다리고 있겠습니다. 정 제가 보고 싶으시다면 이 세상의 약한 사람들을 저라고 생각하고 도와주세요. 제게 주었던 기쁨을 그 사람들에게 나누어주세요. 그럼 저도 아무 걱정 없이 기쁘게 천국에 갈 수 있을 것 같습니다. 모두들 너무너무 고마웠습니다.'"

때론 임관 체험도 필요하다

"저번 주는 목장 친구들과 직접 죽음을 체험해보는 시간을 가졌다. 처음에 관에 들어간다는 말도 있고 어두운 옷을 입고 오라고 해서 별생각을 다하면서 무서워했다. 처음에 친구들과 '진짜 죽는 거 아냐?' 이러면서 리더십 센터로 향했다. 들어갔는데 모든 사람들이 어두운 옷을 입고 와서 장례식이라도 온 것처럼 더 무서워지기 시작했다.

나는 죽음에 관해 배우면서 모르고 있던 사실을 배웠다. 그중, 죽음은 다시 사는 것이라는 말이 나에게 와닿았다. 나는 옛날부터 다른 사람이 죽는 것을 보면 무서울 정도로 죽음이라는 것을 진짜 무서워했다. 하지만 죽는 것은 천국에 다시 태어나는 것이라는 것을 들었을 때 나는 조금씩 안심이 되었다.

우리는 죽음을 배우면서 진짜로 관에 들어가게 되었다. 솔직히 진짜 놀랐다. 한 번도 내가 관에 들어갈 거라고 생각해본 적이 없기 때문이다. 옛날에는 TV를 보면서 나도 한번 관에 들어가 보고 싶다는 생각만 했지, 이렇게 실제로 들어가게 될지는 몰랐다. 그래도 관에 들어갔다 나온 것은 진짜 좋은 경험인 것 같다. 관에 들어가니까 모든 것이 조용해지고 캄캄했다. 들어가기 전까지는 무서웠지만 막상 들어가니까 편하고 뭔가 느낌이 좋았다. 그런데 우리가 한 명 한 명씩 관에 들어갈 때마다 밖에 있는 아이들이 울기 시작했다. 그 순간 나도 갑자기 가족들이 생각나 울었다. 한 번 우니까 울음이 멈추질 않았다.

나는 이 시간 동안 생각이 많아졌고, 깨닫게 된 것도 많아졌다. 일단 내가

세븐파워교육

사랑하는 사람들이 지금 내 곁에 있다는 것이 얼마나 감사한 일인지, 또 우리를 아껴주고 사랑하는 엄마, 아빠가 있다는 것에 너무 감사했다."

임관 체험을 통해 현재까지의 삶을 되돌아보고, 삶의 가치와 목적을 재설정할 수 있는 시간을 가진다.

죽음을 공부하라

도스토예프스키는 스물여덟 살에 사형 선고를 받고 사형장에서 인생을 되돌아볼 수 있는 최후의 시간 5분을 갖게 된다. 다행히도 형이 집행되기 직전 사형 선고가 취소되었다. 그 후 그는 사형장의 5분을 기억하며 하루하루를 인생의 마지막 날로 생각하고 감사하며 살게 되었고, 『죄와 벌』, 『카라마조프가의 형제들』, 『백야』 같은 훌륭한 작품들을 남길 수 있었다.

'죽음을 인지하는 것'이 가장 중요한 공부다. 삶과 죽음을 바로 볼 줄 아는 능력이 바로 '스피리추얼 파워'다. 죽음에 대한 인지는 아이들에게 다음과 같은 유익을 준다.

- 자신의 삶에 대한 자세, 자아정체감, 가치관 확립에 도움을 준다.
- 생명의 존엄성을 깨닫고 고립과 슬픔 등의 상실감에서 벗어나도록 돕는다.
- 자신과 가족의 관계를 돌아본다.
- 자신과 주변 사람들과의 인간관계를 돌아본다.
- 죽음을 생각하며 삶에 충실해지고, 타인을 사랑하는 마음을 갖는다.

죽음에 대한 교육은 20세기 중반 이후부터 세계적으로 폭넓게 이뤄지기 시작했다. 미국은 1960년대 미네소타대학교에서 '죽음의 준비과정'이라는 과목이 처음으로 개설되었다. 1976년에는 죽음 교육 및 상담협회(ADEC)가 만들어져 죽음 교육 전문가 양성에도 힘쓰고 있다. 학교에서의 죽음 교육은 죽음에 관한 책을 읽거나, 장례식장과 묘지를 방문한다든지, 영화나 사진을 감상하고 토론하는 커리큘럼을 갖춰나가고 있다.

가까운 일본 역시 청소년을 위해서 게이오고등학교의 사회 교사였던 다카하시 마코토가 1996년에 죽음 준비교육을 처음으로 도입했다. 처음에는 학생들과 학부모들로부터 한참 자라고 있는 아이들에게 무슨 죽음 교육이냐는 원성을 들었다. 그러나 그는 공부만 잘하는 것이 인생의 목표가 돼서는 안 되며 죽음 준비교육을 통해 구체적인 삶의 목표와 방향을 세울 수 있다고 설득했

세븐파워교육

다. 교육 이후 예상을 뛰어넘는 긍정적 효과가 있자, 마침내 죽음 준비교육은 게이오고등학교의 필수과목이 됐고, 전국적으로 확산되기에 이르렀다.

우리나라에서도 죽음 교육에 대한 인식이 서서히 확산되어가고 있다. 종교기관 차원을 넘어 일부 대학에서 강의가 개설되기도 했다. 청소년을 위해서는 종교적 배경이 있는 학교들이 우선적으로 실시하고 있다.

끝이 아닌 완성

왜 죽음을 배워야 하는가? 왜 우리가 죽음을 직시해야 하는가? 사람들은 죽음에 관한 생각을 의도적으로 피하려고 한다. 죽음을 생각하면 두렵고 우울해지기 때문이다. 또 죽음으로 모든 것이 끝이라고 생각하기 때문이다. '끝'이라는 단어 대신에 이런 말이 더 정확하지 않을까? 죽음은 삶의 '완성'이다.

"다 이루었다."

예수께서 십자가에서 돌아가실 때 마지막으로 한 말이다. 그는 비록 처형을 당하는 형국이었지만, '나는 이제 끝이다'가 아니라 '다 이루었다'고 말했다. 육체의 호흡은 끝났지만, 그의 삶은 '완성'이었다는 것이다. 완성! 듣기만 해도 가슴이 뛰지 않는가? 인생의 예술가가 된 느낌이니 말이다. 심혈을 기울여 명작을 그려보고 싶은 생각이 지배하지 않는가? 그래서 죽음 공부가 필요하다.

우리 학교의 학생들이 쓴 유언장을 살펴보면 '명문대학은 꼭 가보고 싶었는데', '돈을 벌어서 내가 다니고 싶은 곳에 다녀보고, 먹고 싶은 것들 왕창 먹어보고 싶었는데' 등의 내용은 하나도 없었다. 오히려 영원할 줄 알고 부모 속을 썩이며 산 것에 대한 후회와 더불어 '미안하다, 고맙다, 사랑한다'는 말이 주를 이루고 있다. 그중에서도 한 학생의 고백이 아직도 내 마음을 울린다.

"죽음 앞에서 사랑만이 영원하다는 것을 깨닫네요. 내가 엄마, 아빠, 형, 친구들을 떠나도 내 사랑을 두고 갈게요."

학생들 모두 누구나 할 것 없이 죽음 앞에 서면, 인생의 우선순위를 스펙이나 돈보다는 가치 있는 삶에 두어야 한다는 것을 깨닫는다. 삶을 낭비하지 말아야 한다는 것을 깨닫는다. 삶이 의미가 있고 소중하다는 것을 깨닫는다. 삶은 단 한 번뿐이고 '나'라는 존재는 딱 하나뿐이기 때문에 소중한 것이다. 당신의 내세관이 어떻든 간에, 당신은 'Only One, Only Once'의 인생을 살기 때문에 소중하고 귀한 것이다.

브로니 웨어라는 호주 여성은 은행원 생활을 하다가, 진짜 꿈을 찾아 나서기로 마음먹고 영국으로 건너갔다. 그곳에서 임종을 앞에 둔 노인들을 많이 돕게 되었는데, 그녀가 만난 노인들은 너나 할 것 없이 자신의 인생을 후회하는 말을 그녀에게 털어놓았다. 그 내용들을 간추려보니 모두 다섯 가지로 요약할 수 있었고, 그녀는 그것을 『죽을 때 가장 후회하는 다섯 가지』라는 책으

세븐파워교육

로 출간했다. 이 책은 출간 후 베스트셀러에 등극했다. 이 책에서 가장 먼저 소개하고 있는 후회는 스스로에게 정직하지 못했고, 본인이 살고 싶은 삶을 사는 대신 주위 사람들이 원하고 그들에게 보이기 위한 삶을 살았다는 것이다. 다른 사람들의 시선이나 기대에 맞추는 삶은 '가짜 삶'이라는 것이다. 좀더 '진짜 삶'에 대한 용기를 내지 못했다는 후회였다. 한마디로 생존경쟁이라는 다람쥐 쳇바퀴 도는 인생이었다는 것이다. 가치를 찾아 나서지 못한 인생에 대한 후회의 고백이었다.

죽음의 정체성을 앎으로 말미암아 우리는 영적이게 된다. 진짜 스피리추얼 파워가 가득한 인생이 될 수 있는 것이다. 아래의 명언들이 당신에게 어떤 의미로 다가오는가? 자녀와 함께 읽어보고 의견을 나누어보라.

"밀알 하나가 땅에 떨어져서 죽지 않으면 한 알 그대로 있고, 죽으면 열매를 많이 맺는다." - 성경

"죽음, 그것은 우리 영혼을 덮어씌우고 있는 바깥 껍질의 변화다. 바깥 껍질과 그 속에 있는 알맹이를 혼돈해서는 안 된다." - 톨스토이

"죽음을 외면하는 동안에는 존재에 대해 신경 쓰지 않는다. 죽음을 자각하는 것이 자신의 가능성을 똑바로 보는 삶의 방식이 된다." - 하이데거

삶을 배워라

창고 인생 vs 통로 인생

한 수전노가 죽기 전에 회한의 눈물을 흘리며 이렇게 말했다.

"아이들한테 가르쳐준 것이라고는 돈밖에 없었어요. 돈의 가치와 돈 버는 방법…. 그게 인생의 끝에 가면 무슨 의미가 있나요."

우리라고 이런 후회로부터 자유로울 수는 없다. 우리는 학생들에게 '꿈 너머 꿈'을 가지라고 말하곤 한다. 전자의 꿈은 나의 희망 직업이라고 말할 수 있다. 많은 사람들이 안정된 직업, 돈을 많이 버는 직종, 사람들 앞에서 뻐길 수 있는 꿈을 꾼다. 이것들은 눈에 보이는 꿈이다. 이것으로만 끝난다면, 바로 저 수전노와 같은 회한을 남길 수도 있을 것이다. 이러한 인생이야말로 '창고 인생'이라고 말할 수 있다. 창고 인생이 뭐냐고? 채우기만 하려는 인생이 바로 '창고 인생'이다.

창고 인생에 머물지 않기 위해 우리는 '꿈을 뛰어넘는 꿈'을 꾸어야 한다. 인생의 긴 시각을 가지며 끝을 생각하고 눈에 보이지 않는 가치를 추구하는 꿈 말이다. 이것을 가진 사람은 절대로 인생을 쉽게 포기하지 않는다. 우리의 청소년들이 '꿈 너머 꿈'을 가져야 하는 이유다.

예를 들어보자. 초등학교 교사를 꿈꾸는 두 사람이 있다. 한 사람은 그 동기가 편하고 안정적이며 괜찮은 수입에 있고, 다른 한 사람은 한 그루의 나무를 심는 심정으로 학생들이 좋은 나무가 되도록 힘쓰고 싶다는 소명을 갖고 있다. 앞선 사람이 눈에 보이는 꿈을 좇아 사는 사람이라면, 후자는 눈에 보이는 보상의 수준을 넘어 눈에 보이지 않는 가치라는 꿈을 좇는 사람이다. 이러한 인생은 '창고 인생'을 넘어 '통로 인생', 즉 자기가 받은 축복을 자기만 위한 것이 아니라 필요한 사람들에게 흘려보낼 수 있는 인생이라고 할 수 있다. 이러한 꿈은 스피리추얼 파워로부터 비롯되고, 그런 파워를 갖춘 인재가 우리 사회에 필요하다.

수정이의 통로 인생

한 사람을 소개하고 싶다. 졸업생 수정이가 대학교 3학년 때 편지를 보내왔다. 장학금을 받았는데 본인이 태어나서 처음으로 돈을 벌어봤다며, 이 돈을 만방장학재단에 헌금하겠다는 내용이다. 그 편지를 읽어보자.

"졸업생 이수정입니다. 하얼빈은 여전히 춥겠죠? 하지만 어디서도 볼 수 없는 아름다운 겨울이 있는 곳이죠. 저는 기말고사를 끝내고 북경에 남아 방학 동안 이런저런 일을 하며 지내고 있습니다. 또 하나님의 은혜로 좋은 일자리를 구하게 되어 이제 중국 대학생들에게 한국어도 가르치고 통역도 다닐 것 같아요. 처음 받아보는 장학금, 첫 열매라 모두 하나님께 드리겠다는 마음으로 이렇게 만방장학재단에 보냅니다. 아까운 마음 하나 없이 얼마나 기쁘고 좋은지! 사실 저희 때는 이런 재단이 없었는데 후배들만 좋은 일을 하니 배가 좀 아팠거든요. 하하하.

정말 공부는 하나님께 드리는 예배, 학생의 신분으로 드리는 예배라고 생각했더니 제가 한 것보다 더! 더! 더! 지혜를 얻었어요. 또 장학금을 받고 이 돈을 어디다 헌금할까 고민하는데 제가 '공부는 예배다'라고 배운 곳이 만방이더라고요.

만방의 선생님!! 이번 기회를 통해 다시 한 번 전하고 싶네요. 공부의 진짜 이유를 알게 해주셔서 감사해요. 남들처럼 돈 벌고 취직하려고, 좋은 사람 만나 시집가려고, 그런 목표 세우지 않고 살아가게 해주셔서 감사해요. 남들은 꾸역꾸역 하는 공부, 저는 소망과 믿음으로 하게 해주셔서 감사해요. 만방을 만나 좋은 교육을 받게 된 그 은혜가 너무나 감사한 밤입니다."

수정이는 말 그대로 마음 밭이 수정 같다. 나 같았으면 신형 스마트폰이나 아이패드를 사서 나만의 즐거움을 만끽하고 싶었을 텐데…. 이런 인재가 세상을 밝게 해줄 것은 자명하다. 20년 전 내가 존경하는 분으로부터 받았던 질문이 생각난다.

"당신은 오천 명을 먹이는 사람이 될 것인가, 오천 명분을 혼자 먹는 사람이 될 것인가?"

청년 안중근을 통해 배우는 삶

대한민국 국민이라면 누구나 존경하는 분이 있다. 바로 안중근의사다. 만방은 바로 하얼빈에 위치해 있어, 자연스럽게 민족의 역사교육에 최적이다. 안중근의사는 만방의 정신적 지주로서의 역할을 하고 있다. 만방은 그분의 삶을 연구하고 배우려 노력하고 있다.

만방의 졸업생들은 주제를 정해 연구 발표를 하곤 하는데, 한번은 청년 안중근을 통해 우리의 삶을 더욱 견실하게 만드는 시간을 가졌다. 발표한 내용의 일부 몇 가지를 소개해본다. 안중근의 삶을 통해 다양한 삶의 가치를 배우는 것을 보며 매우 감사한 시간을 가졌던 기억이 있다.

1. 안중근, The First Penguin

_ 소유라, 이명훈, 연보라

서구에는 '최초의 펭귄(The First Penguin)'이라는 관용어가 있습니다. 먹잇감을 사냥하기 위해 뛰어들어야 하는 바다는 다른 포식자에게 목숨을 잃을 수 있는 매우 위험한 장소이기도 합니다. 그래서 펭귄들은 떼를 지어 바다에 모여들지만 정작 뛰어들지는 못하고 주저하며 머뭇거립니다. 그때, 위험을 감수하고 가장 먼저 도전하는 펭귄을 '최초의 펭귄'이라고 하며, '선구자'를 뜻하는 단어가 되었습니다. 펭귄들에게 바다는 양날의 칼입니다. 먹이를 찾을 수 있는 곳이기도 하지만, 순식간에 잡아먹힐 수도 있는 위험천만한 곳이기 때문입니다.

이와 마찬가지로 청년 안중근에게 이토를 죽이는 일은 대한독립의 큰 걸음이 될 수도 있었고, 잘못되면 일본의 더 심각한 핍박을 예약하는 길이기도 했습니다. 하지만 그는 용감하게 나아갔고 마침내 거사를 성사시킵니다. 우리나라 독립운동의 첫 번째 펭귄이 된 것입니다. 안중근의 용기가 후대의 독립운동가들의 가슴에 남아 대한민국 독립운동에 불을 지폈습니다. 이 계기로 대한민국의 독립뿐 아니라 식민지 야욕을 안고 대륙을 진출하기로 한 일본을 꺾을 수 있는 결정적인 계기가 된 것입니다.

대부분의 사람들은 처음 시도하는 것을 두려워합니다. 자신의 성공 가능성보다 실패 가능성을 먼저 생각하기 때문입니다. 그러나 너무 많이 고려하는 사람은 아무것도 실행하지 못합니다. 당신의 첫 발자국 때문에 우리의 내일은 달라질 수 있습니다.

당신은 세상에 안주하고 싶습니까?

아니면 이 세대의 첫 번째 펭귄이 되시겠습니까?"

2. 성공한 삶이란

_ 조은솔, 최순호, 박종호, 이충현

현 시대 많은 이들은 안중근의사를 한 명의 독립운동가로만 기억합니다. 하지만 그는 교육을 향한 사명감이 있는 교육가이기도 하였습니다. 안중근의 집안은 대대로 무과에 급제한 무인의 집안이었습니다. 또 진해현감을 지낸 할아버지는 미곡업으로 재산을 불리면서 황해도에서 몇 손가락 안에 드는 거부였습니다. 그는 이 재산으로 남도 진남포에 삼흥학교를 설립하고 돈의학교를 인수하는 등 교육에 투자하였습니다.

청년 안중근은 이곳에서 학생들에게 신식 군사교련도 가르치고, 미래에 우리나라가 자주독립 국가가 되기 위해서는 서양의 나라들을 알아야 한다는 신념으로 영어를 가르치는 등 교육을 향한 사명감을 갖고 있었습니다. 하지만 일본이 러일전쟁에서 승리한 후 억압이 더 강해지고 학교가 문을 닫게 되면서 결국 그는 의병 활동에 힘쓰게 되었습니다.

랄프 왈도 에머슨이라는 시인은 '무엇이 성공인가'라는 시에서 이렇게 말했습니다. To know even one life has breathed easier because you have lived. This is to have succeeded(자신이 한때 이곳에 살았음으로 해서 단 한 사람의 인생이라도 행복해지는 것. 이것이 진정한 성공이다).

그 누구도 지는 꽃을 보며 아름답다고 하지 않습니다. 하지만 그 꽃이 지고 나면 그 자리에는 열매가 맺힙니다. 진정한 성공이란 다음 세대의 이들을 위하여 조금이라도 더 나은 세상을 남기는 것, 혹은 조금이라도 자신이 생각하는 진리에 후대들이 더 가까워질 수 있도록 사회를 구성하는 것이 아닐까 하는 생각이 듭니다.

"우리는 학생을 위하여 죽을 각오로 살아간다."

이것은 만방학교의 교사 선언문입니다. 안중근의사가 이토를 저격한 하얼빈에 만방학교가 있는 것은, 그가 그토록 바랐던 후대를 키우고자 하는 소망에서 온 것은 아닌지 생각해보았습니다. 그리고 이러한 후대를 위한 사명감이 안중근의사가 바라던 진정한 성공이 아닐까 하는 생각이 듭니다. 이러한 안중근의사의 사상을 배움으로써 더 많은 사람들이 진정한 성공을 맛보길 기대하게 됩니다.

3. 같은 뿌리, 다른 열매
_ 김수민, 이혜진, 송하승, 박준영, 오에녹

1909년 10월 26일, 한 발의 총성으로 우리가 밟고 있는 이 땅 하얼빈에 서른 살 청년의 나라를 향한 헌신과 희생이 심어졌습니다. 안중근이 하고자 했던 일과 이토 히로부미가 하고자 했던 일은 표면적으로는 유사합니다. 바로 동아시아의 통합과 부흥입니다. 하지만 안중근이 추구했던 것과 이토가 추구했던 방법은 달랐습니다.

안중근은 한국, 중국, 일본이 힘을 합쳐 함께 평화롭게 되기를 원했지만, 이토는 일본이 주도권을 잡고 아시아를 통치하길 원했습니다. 동일한 듯하지만 이 둘은 완전히 다른 목적으로 나아갔고, 결국 완전히 상반된 결과를 맞이하게 됩니다.

'방향성'은 어떤 사람, 나아가 한 국가의 운명을 결정지을 수 있습니다. 이토가 추진했던 제국주의의 야욕은 결국 제2차 세계대전을 통해 수많은 자국민 사상자를 내고 망하는 결과를 낳게 됩니다.

이에 반해서 안중근은 이토를 죽이고 형장의 이슬로 사라졌지만, 그가 주장했던 평화에 대한 믿음은 많은 독립운동가들의 상징적인 힘이 되었습니다.

안중근의 간수였던 치바 도시치는 일본인임에도 불구하고 안중근의 올바른 방향성을 존경하고 따랐으며, 죽기 전까지도 안중근을 생각하며 자식들에게 안중근의 제사를 꼭 지내달라고 유언했습니다. 이처럼 안중근의 올바른 방향성은 많은 이들에게 영향을 미치게 되었습니다.

안중근의 희생으로 인해 그는 아시아 평화주의의 상징으로 우리에게 남아 있습니다. 그를 보며, 올바른 방향성을 갖는다는 것이 얼마나 중요한지 알 수 있습니다. 우리는 인생을 살아가며, 우리가 올바른 방향으로 가고 있는지 확인해봐야 합니다.

같은 곳에서 시작했을지라도 방향이 다르면 결국에는 다른 목적지에 도달하게 됩니다. 여러분도 지금 이곳에서 공부하며 영향력 있는 사람이 되기 위해 준비하고 있습니다. 그럼 여러분은 지금 어떤 방향으로 가고 계신가요?

4. 유산의 법칙

_ 백승현, 김주은, 김의중, 신채임

안중근은 자신의 죽음을 내려놓기까지 '대한 독립'을 원했습니다. 저는 안중근이 이토를 저격한 사건보다 더 중요한 사건이 있다고 생각합니다. 그것은 안중근이 감옥에서 죽기 전 남긴 말과 행위입니다. 그는 감옥에 갇힌 후에 '대한 독립'을 후세들이 꼭 이루어주기를 바랐고 그것을 이루기 위해서는 죽음조차 두렵지 않다고 했습니다. 안중근의 이런 유언은 후세에 전해져 결국 '대한 독립'을 이루어 낼 수 있던 큰 동기가 되었습니다.

안중근은 후세에까지 영향력을 주는 리더였습니다. 『리더십 불변의 법칙』의 존 맥스웰은 "리더의 가치는 승계에 따라 정해진다"고 했습니다. 안중근은 한국을 구한 영웅이라고 불릴 만큼의 큰 가치를 가진 리더였습니다. 또 그의 유언은 후세에 계승됨에 따라 한국의 독립운동에 큰 영향을 주었습니다.

계란이 바위에 던져지면 계란은 반드시 깨져버리지만, 바위는 아무리 강해도 죽은 것이고 계란은 아무리 약해도 산 것입니다. 바위에 맞서 싸우려는 계란에게 세상은 현실을 바라보라고 말합니다. 이미 만들어져 있는 환경과 정해져 있는 답에 순응하고 그의 순리를 따라 살라고 말합니다.

그러나 안중근은 막막해 보이는 현실과 일본 제국주의의 부당함에 낙망하거나 굴복하지 않고, 마음속 깊이 품은 대한 독립의 이상을 버리지 않았습니다. 그리고 이런 그의 태도에 감격한 후세들이 그를 이어 대한 독립을 이루어 낼 수 있었습니다.

세븐파워교육

이처럼 이상을 품고 있는 청년은, 지금은 작은 계란일 수 있지만 그 속에는 분명히 꿈틀거리는 생명이 있다는 것을 잊지 말아야 합니다. 깨지는 것을 두려워하지 말고 그 속에 있는 생명을 버리지 않을 때 우리는 새 생명, 새 세상을 기대할 수 있을 것입니다.

청년 안중근은 자신의 가치를 정했고 그 가치를 이루기 위해 너무나 많은 노력과 희생을 감수했습니다. 그리고 죽기 직전까지도 독립운동을 이루어달라고 후세에 유언과 유산을 남김으로써 많은 사람들이 반응했고 그를 따랐습니다. 우리 역시, 우리만의 선한 가치를 발견하고 후세에 남길 만한 유산을 준비해서 선한 영향력을 미치는 리더로 준비해나갑시다!

5. 见危授命(견위수명 : 위험한 고비에서 망설임 없이 목숨을 바치다)
_한광수, 윤소연, 양희창

한 사람의 인생관은 삶을 살아가면서 다른 사람의 삶에 큰 영향력을 미칩니다. 만약 인생관이 바르게 서 있지 못하다면, 사회에 문란을 일으키며 자기 자신과 가족뿐만 아니라 타인에게까지 상처를 입히는 행동을 서슴없이 하게 됩니다.

"이익을 보거든 의를 생각하고 위태로움을 보거든 목숨을 바쳐라"
안중근의사가 감옥에서 쓰셨던 유목입니다.

그리고 이 말은 논어의 헌문에 나오는 말입니다.

"见利思义 见危授命, 久要不忘平生之言亦可以为成人矣!"

(이익을 보면 의를 생각하고, 위험을 보면 목숨을 던지고, 오래 곤궁해도 평생의 말을 잊지 않는다면 이 역시 성인이라 할 수 있지 아니한가!)

가진 것이 많았지만 평생을 조국의 의만 생각하고 조국의 위험에 목숨을 던진 삶에 반영해보면, 가장 먼저 떠오르는 사람도 안중근의사입니다.

'见危授命'은 안중근 외에도 역사 안에서 찾아볼 수 있습니다.

라울 발렌베리는 스웨덴의 발렌베리 가문의 사람으로서, 독일인이 유대인을 학살하는 것을 보고는 외교관이 되어 수많은 유대인을 구하게 됩니다. 죽음을 앞둔 유대인에게 스웨덴 임시보호 여권을 만들어주고 귀국을 기다리는 스웨덴 사람이라고 함으로써 수많은 유대인을 살렸습니다. 또 독일인 사령관에게 전범으로 고발하겠다고 으름장을 놓아, 7만 명의 유대인이 가스실로 가는 것을 막기도 하였습니다. 이렇게 하여 그가 구한 유대인이 10만 명에 이르게 됩니다. 라울 발렌베리는 충분히 편하게 살 수 있었지만, 유대인을 구하기 위해 자신에게 닥칠 위험을 무릅쓴 것입니다. 그의 삶에서 우리는 '见危授命'을 다시금 볼 수 있게 됩니다.

일본군에게 끌려가서도 "나는 대한의 군인이다. 살인 흉악범이 아닌 포로로서 내게 정당한 예우를 갖춰주기 바란다!"라고 당당하게 말했던 대한 독립군, 안중근! 그의 정의로움과 나라에 대한 충성심은 그의 올바른 인생관에서 부터 출발했던 것 같습니다.

이처럼 올바른 인생관은 그 사람에게, 삶을 살아감에 있어서 방향성을 제시해주고 수많은 선택의 기로 가운데에서 올바른 선택을 할 수 있도록 하는 결정적인 역할을 합니다.

자 이제, 여러분은 바른 나침반을 들고 또 다른 인생의 길을 나설 준비가 되셨습니까?

6. 치맛바람이 불어야 할 곳

_ 이무성, 이서경, 박홍수, 김지인

여러분은 2월 14일이 무슨 날인지 알고 계십니까? 많은 사람들은 이 날을 밸런타인데이로 알고 있습니다. 하지만 이 날은 바로 안중근의사가 사형선고를 받은 날입니다. 또한 우리 한겨레의 가슴속에 영원히 전해질 한 아들의 어머니이자 독립운동가의 어머니, 자랑스럽고 위대한 조마리아 여사가 감옥에 있는 아들에게 보내는 이별 편지를 기억하는 날입니다.

조국 그리고 동양의 평화를 위해 멋지게 활약한 안중근. 그의 뒤에는 어머니 조마리아 여사가 계셨습니다. 우리는 비단 안중근의 활약뿐만 아니라 어머니 조마리아 여사의 교육관까지 주목해야 합니다.

조마리아 여사는 감옥에 수감된 아들에게 "옳은 일을 하고 받은 형이니 비겁하게 삶을 구하지 말고, 떳떳하게 죽는 것이 어미에 대한 효도이니, 훗날 천당에서 만나자."라는 내용의 편지와 함께 수의를 지어 보냈다고 전해지고 있습니다.

백범 김구 선생의 어머니 곽낙원 여사 또한 마찬가지입니다. 임시정부 요원들이 곽낙원 여사의 생신을 차려드리고자 돈을 모아 드렸을 때, 그녀는 그 돈으로 자신이 먹고 싶은 것을 만들어 먹겠다고 하고 생일날 임시정부 국무위원과 청년들을 초대했습니다. 그러나 식탁 위에 내놓은 것은 맛있는 음식이 아니라 보자기에 싸인 권총이었습니다. 그리고 그녀는 반짝이는 눈으로 이렇게 이야기합니다.

"이 시국에 무슨 놈의 생일이냐! 왜놈 한 놈이라도 더 죽여야만 속이 편하다."

이렇듯 위대한 독립운동가들의 뒤에는 모든 고통을 감내하며 후원했던 위대한 어머니들이 있었습니다. 그녀들이 없었다면 독립을 위해 일생을 바쳤던 그들도, 독립된 우리나라도 존재하지 않았을지도 모릅니다.

세상이 급변하고 있는 이 시점에, 자녀의 교육과 성공을 위해 학습 매니저로 살아가야 하는 이 세상의 모든 어머니들에게 꼭 필요한 것이 하나 있습니다. 바로 역사 속의 독립운동가 어머니들이 국가를 위한 애국심을 키우는 데 사용했던 올바른 역사교육과 나라 사랑교육입니다. 세상으로 나아가게 될 우리들 또한 독립운동가의 어머니들처럼 확실한 철학을 바탕으로 자녀를 교육해야 할 것입니다.

우리는 자녀의 물질적 성공이 아닌 정신적 성공에 교육 신념을 두어야 합니다. 이것이 우리를 위해 순국하신 모든 열사들에 대한 최소한의 보답이며 마땅히 해야 할 본분입니다.

앞서 물은 질문을 조금 바꾸어 다시 묻겠습니다. 여러분의 자녀는 2월 14일을 무슨 날로 알고 있나요?

자녀를 향한 어느 학부모의 바람

안중근의사를 평론할 때, 어머니의 자녀교육 철학을 무시하고 그 어떤 이 야기도 전개할 수 없을 것이다. 여기 한 부모님의 글을 소개하고자 한다. 딸 별이에 대한 교육관을 들여다보기를 기대해본다.

우리 '별이'를 응원합니다.
지금 모습이 꽃보다 아름답다고,
조물주의 걸작품이라고.
그래서 조급하지 않고 지금 상황을 즐겁게,
감사함으로 나아가기를 바랍니다.

별이가 시험이나 성적에 대한 강박이
조금 있는 것 같네요.
무슨 대학이 중요한 것이 아니라,
좋은 지도자가 되기를 기도합니다.
바로 타인을 사랑하는 사람입니다.
으뜸이 되고자 하면 종이 되어야 하고,
섬기는 사람이 되어야 합니다.
바로 사랑의 사람!
그 사람이 별이기를 바랍니다.

그래서 어디서든지 천국의 향기를 풍기는

사람이면 족합니다.

엄마 아빠의 최대 바람입니다.

별이가 알아주었으면 좋겠네요.

만방에는 이러한 부모가 다수를 차지한다. 그래서 좋은 교육을 이루어나
갈 수 있는 것이다.

속속 돌아오는 만방 졸업생들

"내가 받은 교육이 옳은 교육이었습니다."

"만방에 다시 돌아와 스승님들과 동역하고 싶었습니다."

"의미 있는 삶을 발견했습니다."

"선생님들의 헌신을 보고 저도 헌신하는 삶을 살고 싶습니다."

만방 졸업생들이 대학을 졸업하고 속속 만방으로 돌아와 나에게 들려주
는 고백이었다. 단 한 명도 '월급이 얼마인가요?', '출퇴근 시간이 어떻게 되나
요?,' '퇴직금은요?' 등등의 질문을 한 사람은 없었다. 오히려 당당히 대기업
입사 시험에 합격을 해놓고는 걷어찬 뒤 만방으로 돌아왔다. 이들은 한국어
기본에 중국어, 영어를 유창하게 하는 인재들이다. 그들이 후배들의 인생을
돕기 위해 온 것이다. 만방 졸업생 선생님의 솔직담백한 간증을 들어보자.

"사실 교수님께 만방 교사로 지원하겠다는 이메일을 보내고 나서도 계속해서 고민했습니다. '이것이 내 길이 맞는 건가? 이것이 진짜 내 사명일까? 내가 아이들을 잘 사랑할 수 있을까? 내가 정말 교사로서 아이들에게 좋은 영향력을 줄 수 있을까?' 등등 많은 생각들이 스쳐 지나갔고 저는 파도치는 바다처럼 마음의 격랑을 경험했습니다.

그런 와중에 친구의 권유로 CJ 지원서를 냈고, 그렇게 4월이 되었습니다. 4월 홈커밍으로 상해 푸동공항으로 가던 도중 친구에게 CJ 전형 결과가 나왔다는 이야기를 듣고 홈페이지에 들어가 보니 저 혼자만 합격이었습니다. 그런데 기쁘기보다는 오히려 두려웠습니다. 이 결과가 저를 더 흔들리게 할까 봐서요. 그렇게 흔들리는 마음으로 학교로 돌아갔는데, 선생님들의 말씀을 들으면서 제 마음이 점점 확신으로 변하는 것을 느꼈습니다. '내 사명은 이곳에 있구나, 나에게 이 땅을 기업으로 주셨구나' 하는 확신이 들었습니다.

살 곳이 아니라 죽을 곳을 찾으러 간다는 만방의 선생님들 말씀처럼 저도 죽을 곳을 찾아 떠날 것입니다. 더 이상 돌아보지도, 더 이상 흔들리지도, 더 이상 계산하지도 않을 것입니다."

나는 12명의 제자들과 학교를 시작하였다. 그 제자들의 제자들이, 즉 나의 손자 손녀 제자들이 사명을 가지고 인생을 불태우고 있다. 제자가 제자를 낳고, 제자가 제자를 낳고…, 만방의 거룩한 족보가 만들어져가고 있다.

영향력 있는 삶을 살아라

존 맥스웰의 『위대한 영향력』이라는 책에서 저자는 성공하는 삶에 대해 이렇게 결론 맺는다.

"많은 사람들이 지식으로 잠시 성공하고, 몇몇 사람들이 행동을 가지고 좀 더 오래 성공한다. 그러나 소수의 사람들이 인격을 가지고 영원히 성공한다."

잠깐의 성공이 아닌 영원한 성공을 이룬 사람을 소개하려 한다. 내가 정말 존경하는 분이 있다. 바로 '한국의 슈바이처', '바보 의사'로 불리는 장기려 박사님이다. 그는 평안북도 용천 출생으로 1932년 경성의학전문학교를 졸업, 1940년 일본 나고야제국대학에서 의학박사 학위를 취득하였고, 1945년 북한 제1인민병원(평양도립병원) 원장, 1947년 평양의과대학 외과학 교수 겸 부속병원 외과 과장으로 재직했다. 이 시기에 김일성의 맹장수술을 집도한 것으로도 유명하다.

그가 의사가 되고자 했던 이유는 매우 단순하고 분명하였다. 의사를 한 번도 못 보고 죽어가는 가난한 사람들을 위해, 뒷산 바윗돌처럼 항상 서 있는 의사가 되는 것이 그의 꿈이요 사명이었던 것이다.

일제 강점기 때 그는 경성의전(현 서울대 의대)에 들어가게 되는데, 31등으로 입학했지만 성적 1등으로 졸업한다. 졸업 후에는 평양에서 의사로, 대학교수로 활동하다가 6·25 전쟁으로 가족과 헤어지게 되고 둘째 아들만 데리고 부산에 이른다. 부산 영도구에 천막을 치고 복음병원을 세워 행려병자를 치료하는 것을 시작으로, 그는 평생 동안 환자들을 돌보며 살아간다.

그는 우리나라 최초로 간 절제 수술을 성공시킨 의사다. 간암 환자의 암세포가 있는 부위를 도려내는 수술을 최초로 성공시킨 것이다. 그의 간 외과학 발전 공헌을 기념하여 '간의 날'이 제정되기도 했다. 그는 의술을 집도하는 사람이 아니라 인술을 하는 사람이었다. 다음은 그의 의사로서의 인생철학이 담겨 있는 그의 말이다.

"인술이 다른 거 아닙니다. 자기 눈앞에 나타난 불쌍히 여길 것을 불쌍히 여길 수 있는 사람이 인술하는 사람이에요. 누구나가 다 사람이라면, 누구나 다 가지고 있는 거예요. 다만 하는가, 안 하는가 그것의 차이지. 인술할 마음은 다 가지고 있습니다."

6,70년대 대한민국의 삶은 녹록하지 않았다. 보릿고개도 존재하였고 심지어 1인당 국민소득이 북한보다 낮을 때였다. 병원비가 없어 그냥 죽기를 기다려야만 하는 시대였다. 장기려 박사는 가난한 자들에 대한 남다른 사랑을 가졌다. 몇 가지 일화는 지금까지도 사람들의 입에 회자되고 있다.

진료비를 부담할 수 없는 사람들이 퇴원할 수 없다며 장기려 박사를 찾아와 애원했을 때 그는 이렇게 말했다.

"원장이라도 마음대로 퇴원시킬 수 없으니 늦은 밤, 병원 뒷문으로 몰래 도망가세요."

그리고 그는 밤에 병원 뒷문을 열어놓았다. 또 영양실조에 걸린 환자에게는 이렇게 처방전을 써서 약사에게 주었다고 한다.

"이 환자에게 생닭 2마리 값을 내주시오"

장기려 박사의 일화 중에는 이러한 것도 있었다. 장기려 박사의 부모님과 아내, 6남매 중 둘째 아들을 제외한 5남매가 이북에 있었다. 이산가족 상봉이 시작되었을 때, 국가에서 장기려 박사를 예우하는 측면에서 추첨하지 않고도 특별히 가족들을 만나게 해주겠다고 했다. 그러나 장기려 박사는 아내를 너무나 사랑하고 가족이 그립지만 자신이 특별히 그곳에 가게 되면 100팀의 가족 중 한 가족이 추첨이 안 될 테니 정중히 거절했다고 한다.

그가 바로 잠깐의 성공이 아니라, 영원한 성공의 삶을 살았던 사람이다. 그는 죽었지만 살아있다. 그의 삶이 여전히 우리의 가슴을 울리며 우리의 시선을 물질적인 곳으로부터 돌리게 한다. 그는 삶에 대해 지금도 이렇게 말하고 있다.

"나의 세계는 내가 사랑하는 곳에 있다. 그곳이 나의 왕국이다. 누구도 빼앗아가지 못한다."

당신의 왕국은 어디인가? 돈 버는 곳? 살고 있는 곳? 욕구를 충족시켜주는 곳인가? 그는 말한다. 사랑하는 곳이 당신의 왕국이라고. 우리가 학생들을 교육시키는 목적, 바로 그것은 사랑할 줄 아는 인격체로 만드는 것이리라.

내가 아는 한 청년을 떠올려본다. 스탠퍼드대학에서 포스트닥터로 있던 그에게 계속 머물며 함께 연구하자는 스탠퍼드대학의 가슴 떨리는 제안이 들어왔고, 그것은 그야말로 대박 인생으로 달음질할 수 있는 절호의 기회였다. 그런데 그는 웬일인지, 그 제안을 거절했다. 그리고 가족과 함께 해외봉사를 떠났다. 모두가 미쳤다고 하며 바보 같다는 소리를 해댔다. 그리고 그의 주변 사람들로부터 잊힌 인생을 살아갔다. 그로부터 20여년 후, 지금 내가 알고 있는 사실 하나는 그가 학교를 세워 수천여 명의 학생들에게 영향을 미치고 있다는 것이다. 만약 20여 년 전 스탠퍼드대학의 제안을 받아들였다면 혼자 잘 먹고 잘 사는 인생으로 만족하며 살았을 터였다. 하지만 지금은 수천 명을 잘 살게 하는 인생을 살고 있다. 누가 그 인생을 성공한 삶이라 칭하지 않겠는가. 무엇보다 그의 얼굴엔 언제나 웃음이 만연하다. 노력하며 살아온 인생보다 즐기며 사는 지금이 행복하다고 말한다. 그리고 그가 이제는 당신에게 묻고 있다. 당신은 행복한 삶을 살고 있느냐고.

만방의 스피리추얼 파워 교육

일곱 번째 파워는 '스피리추얼 파워'다. 물질적인 것과 세상적인 것만 바라보지 말고 인생 전체를 바라보며, 가치 있고 의미 있는 삶을 살려고 할 때 잠깐의 성공이 아닌 영원한 성공을 이룰 수 있다.

스피리추얼 파워 Tip

1. 죽음을 공부한다
- 자신의 삶에 대한 자세, 자아정체감, 가치관 확립에 도움을 준다.
- 생명의 존엄성을 깨닫고 고립과 슬픔 등의 상실감에서 벗어나도록 돕는다.
- 자신과 가족의 관계를 돌아본다.
- 자신과 주변 사람들과의 인간관계를 돌아본다.
- 죽음을 생각하며 삶에 충실해지고, 타인을 사랑하는 마음을 갖는다..

2. 삶을 배운다
- 단순히 돈을 버는 꿈을 뛰어넘는 꿈을 가지라고 말한다.
- 눈에 보이는 수준을 넘어 눈에 보이지 않는 가치라는 꿈을 좇아 자기가 받은 축복을 필요한 사람들에게 흘려보낼 수 있는 '통로 인생'을 살아가도록 돕는다.

가정을 위한 스피리추얼 파워 제안

1. 인생 이야기(Life Story)를 쓰자!
온 가족이 각자의 인생 이야기를 써보자. 기쁜 일, 좋은 일도 적어보고 부끄러워서 남에게 공개할 수 없을 것 같은 일도 가족과 함께 나눠보자. 그러면 내 삶과 자녀의 삶이 얼마나 귀하고 가치 있는지를 알게 된다. 그 모든 것을 잘 이기고 여기까지 온 자녀에게 박수를 보내주자.

2. 유서를 작성해서 자녀에게 전달해보자!

인생의 마지막 순간을 맞이한다는 가정 하에 유서를 작성해보도록 하자. 내가 가치 있게 생각하고 있는 것은 무엇인지, 마지막 순간까지 남길 정말 중요한 가치는 무엇인지를 돌아보고 다시는 돌아오지 않을 '현재'라는 시간을 어떻게 사용해야 할지 생각해보자. 특히 후손에게 남길 수 있는 유산이 '재물' 외에 무엇이 있는지 점검해보자.

3. 묘비명을 작성해보자!

자신의 장례식을 상상해보라. 장례식에 참여한 사람들에게 어떠한 삶을 살다간 사람으로 기억되기를 원하는가? 묘비명을 작성하며 자신이 살고 싶은 삶을 디자인해보라. 그리고 묘비명에 적힌 대로 살기 시작하면 자녀에게도 긍정적인 삶의 영향력을 줄 수 있을 것이다.

4. 현충사, 독립기념관 등 가치 있는 삶을 기념하는 곳에 가보자!

휴일에 놀이공원 대신, 현충사나 독립기념관에 가보자. 중국 하얼빈의 안중근 기념관도 추천한다. 우리나라를 위해 자신의 목숨을 바친 사람들을 기억하자. 현재 우리의 풍요로운 삶은 누군가의 희생과 헌신으로 이루어진 것이다. 내 자녀와 후손을 위해 내가 희생하고 헌신해야 한다.

에필로그

　'세븐파워교육'을 받고 성장한 제자들이 자신의 선생님들처럼 다음 세대를 위해 교육에 헌신하고자 대학을 졸업하고 다시 만방에 모여들었다. 세븐파워를 장착한 제자들이 함께해서 얼마나 든든한지 모르겠다. 이제 이들이 교육의 최전선에서 학생들과 호흡을 같이하고 있다. 예훈이, 아니 예훈 선생님이 세븐파워교육에 대한 소감을 적었는데, 그의 글로 에필로그를 대신할까 한다.

　"세븐파워교육은 나에게 낯선 개념은 아니었다. 내가 받아온 교육이었고, 아주 익숙한 부분이었다. 그런데 교사의 관점으로 바라보니 완전히 다른 정보가 된 것 같다. 받을 때가 가장 편하다. 군대에서도 차라리 막내 때가 낫다는 말을 하곤 한다. 『세븐파워교육』에 나오는 사진들과 학생들의 모습들을 나의 학생들에게서 찾아볼 수 있으려면, 도대체 얼마나 많은 연구와 사랑과 지혜가 집합되어 나와야 할까. 아주 어려운 책이었다.

　일곱 가지의 파워를 모두 갖춘다는 것. 그 일곱 가지의 파워는 우리의 삶에 반드시 쌓여야 하는 초석 같은 파워들이라는 생각이 든다. 마치 베드로후서에서 베드로가 믿음에 덕을, 덕에 지식을, 지식에 절제를, 절제에 인내를,

인내에 경건을, 경건에 형제 우애를, 형제 우애에 사랑을 더하라고 했던 것이 떠오른다. 하나만 있어서 될 것도 아니고, 서로 독립적인 것 같으면서도 톱니바퀴처럼 하나의 움직임을 가질 수 있도록 아주 유기적으로 움직이는 파워들이다.

　나는 이제 나의 모교 만방에서 내 삶을 불태울 것이다. 이제 후배면서 제자가 될 학생들에게 부모의 마음으로 목자의 마음으로 그리고 교사의 신분으로 다가갈 것이다. 내가 만방에서 일곱 가지 파워를 균형 있게 갖추게 되었듯이, 그들을 균형 있는 세븐파워 인재로 기르는 데 나의 목숨을 걸 것이다."

다음은 만방국제학교 한 학생의 6학년, 8학년 'before 만방'과 'after 만방'을
아래에 소개하는 세븐파워 진단지를 통해 비교한 그래프다. 세븐파워교육을
받은 만방 학생의 세븐파워 성장 변화를 볼 수 있다. 정량적으로 평가할 수는
없지만 어떻게 변화하고 성장하는지 관찰하며 지도해나갈 방향을 잡는 데 활
용할 수 있다.

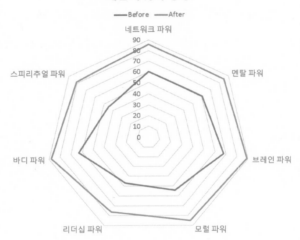

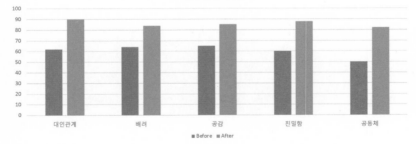

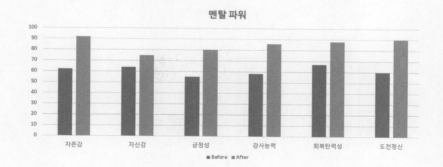

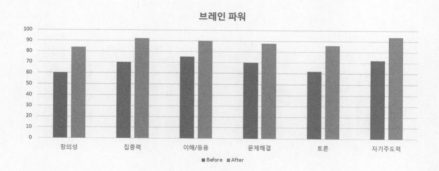

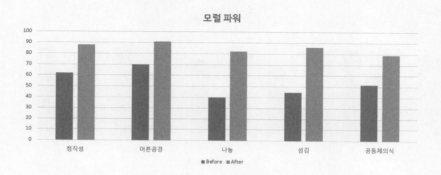

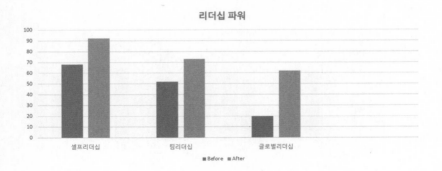

리더십 파워

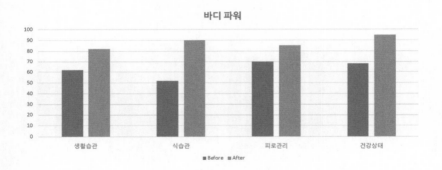

바디 파워

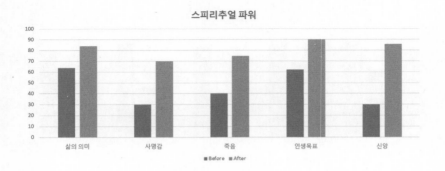

스피리추얼 파워

세븐파워교육

세븐 파워 진단
Seven Power Test

학년 / 반	
이 름	

GLOBAL POWERNASIUM
W 만방국제학교

세븐파워진단

전혀 아니다	아니다	보통이다	그렇다	매우 그렇다
①	②	③	④	⑤

1	나는 고민이나 문제가 있으면 친구들과 함께 고민해서 해결한다.	① ② ③ ④ ⑤
2	나는 내가 충분히 가치 있는 존재라고 생각한다.	① ② ③ ④ ⑤
3	나는 어떤 상황에서든지 필요한 아이디어가 잘 떠오른다.	① ② ③ ④ ⑤
4	나는 손해가 있더라도 정직하게 살아야 한다고 생각한다.	① ② ③ ④ ⑤
5	나는 미리 정해진 일정에 따라 생활한다.	① ② ③ ④ ⑤
6	나는 매일 일정한 시간에 잠자리에 든다.	① ② ③ ④ ⑤
7	나는 좀 더 가치 있는 삶이 되기 위해 노력한다.	① ② ③ ④ ⑤
8	나는 인생은 어차피 혼자 사는 것이라고 생각한다.	① ② ③ ④ ⑤
9	나는 내가 크게 의미 있는 존재인지 잘 모르겠다.	① ② ③ ④ ⑤
10	나는 어떤 일을 할 때 늘 새로운 방법은 없을까 생각한다.	① ② ③ ④ ⑤
11	나는 누가 보지 않아도 지켜야 하는 것은 지킨다.	① ② ③ ④ ⑤
12	나는 하루나 한 주를 시작할 때 미리 일정을 살펴본다.	① ② ③ ④ ⑤
13	나는 종종 늦게 잠들어서 아침에 일어나는 것이 힘들다.	① ② ③ ④ ⑤
14	나는 인생을 생각 없이 살아가는 것은 죄라고 생각한다.	① ② ③ ④ ⑤
15	나는 나만 잘되는 것이 중요하지 않다. 다 같이 잘 되어야 한다.	① ② ③ ④ ⑤
16	나는 이기기 위해서가 아니라 나 자신의 모습을 만들기 위해 공부한다.	① ② ③ ④ ⑤
17	나는 새로운 생각을 하는 것이 어렵지 않다.	① ② ③ ④ ⑤
18	나는 모든 사람이 정해진 규칙을 지켜야 한다고 생각한다.	① ② ③ ④ ⑤
19	나는 어떤 일이든 한번 시작하면 끝까지 묵묵히 해낸다.	① ② ③ ④ ⑤
20	나는 정해진 운동시간에 열심히 한다.	① ② ③ ④ ⑤

1

세븐파워교육

세븐파워진단

번호	문항	1	2	3	4	5
21	나는 앞으로 살아가면서 꼭 이루고 싶은 것이 있다.	①	②	③	④	⑤
22	나는 친구들을 이기는 것보다 함께 잘 하는 것이 더 좋다.	①	②	③	④	⑤
23	나는 남들도 잘 하는 것이라면 내가 잘해도 큰 의미가 없다.	①	②	③	④	⑤
24	나는 어떤 일이든 시작하면 오래 할 수 있다.	①	②	③	④	⑤
25	나는 어떤 경우에도 거짓말은 잘못된 것이라고 생각한다.	①	②	③	④	⑤
26	나는 계획은 시간낭비라고 생각한다. 어떤 일을 할 때 상황에 따라 임기응변으로 처리한다.	①	②	③	④	⑤
27	나는 운동하는 시간에 공부를 하거나 책을 읽는 것이 더 유익하다고 생각한다.	①	②	③	④	⑤
28	나는 하나님께서 수많은 사람 중에 나를 구원하신 이유가 무엇일지 자주 생각한다.	①	②	③	④	⑤
29	나는 옆에 있는 친구도 결국에는 경쟁자라고 생각한다.	①	②	③	④	⑤
30	나는 나에 대한 다른 사람들의 평가에 신경이 많이 쓰인다.	①	②	③	④	⑤
31	나는 어떤 일에 집중하면 주변 소리가 잘 들리지 않는다.	①	②	③	④	⑤
32	나는 경우에 따라서 좋은 의도의 거짓말은 괜찮다고 생각한다.	①	②	③	④	⑤
33	나는 행동하기 전에 계획을 세워 시행착오를 줄인다.	①	②	③	④	⑤
34	나는 의자에 앉을 때나 걸을 때 자세를 신경 써서 앉는다.	①	②	③	④	⑤
35	나는 내 삶이 하나님 앞에서 의미 있는 삶이 되길 기대한다.	①	②	③	④	⑤
36	나는 다른 사람을 볼 때 좋은 점을 먼저 본다.	①	②	③	④	⑤
37	나는 사람들 앞에 설 때 많이 긴장하고 떠는 편이다.	①	②	③	④	⑤
38	나는 어떤 일을 할 때 여러가지 일을 펼쳐놓고 동시에 한다.	①	②	③	④	⑤
39	나는 공동체의 구성원이면 해야 할 책임이 있다고 생각한다.	①	②	③	④	⑤
40	나는 누군가 꼭 해야 하는 일이라면 내가 하는 편이다.	①	②	③	④	⑤

2

세븐파워진단

41	나는 매일 식단에 구성된 음식을 골고루 먹는다.	① ② ③ ④ ⑤
42	나는 나를 통해 기대하시는 하나님의 뜻을 이루기 위해 최선을 다해 노력한다.	① ② ③ ④ ⑤
43	나는 다른 사람의 단점을 잘 찾아낸다.	① ② ③ ④ ⑤
44	나는 하늘이 무너져도 솟아날 구멍이 있다는 말에 공감한다.	① ② ③ ④ ⑤
45	나는 어려운 내용의 이론이나 책도 잘 이해한다.	① ② ③ ④ ⑤
46	나는 공동체의 구성원으로서 나보다 우리를 먼저 생각한다.	① ② ③ ④ ⑤
47	나는 리더는 직접 하기보다 지시해야하는 자리라고 생각한다.	① ② ③ ④ ⑤
48	나는 좋아하는 음식이 나와도 과식하지 않는다.	① ② ③ ④ ⑤
49	나는 내 인생은 내 의지와 능력으로 내가 원하는 모습으로 만들어가는 것이라고 생각한다.	① ② ③ ④ ⑤
50	나는 나에게 실질적인 도움이 없어도 다른 사람들과 좋은 관계를 맺고 싶다.	① ② ③ ④ ⑤
51	나는 어려운 상황도 해결하면 되는 것이라고 생각한다.	① ② ③ ④ ⑤
52	나는 잘 모르는 내용을 이해하는데 시간이 오래 걸린다.	① ② ③ ④ ⑤
53	나는 우리나라와 국민들을 위해 무엇인가 의미 있는 일을 하고 싶다.	① ② ③ ④ ⑤
54	나는 상황에 상관없이 약속은 지켜야 한다고 생각한다.	① ② ③ ④ ⑤
55	나는 식사 후 매점에서 군것질을 하지 않는다.	① ② ③ ④ ⑤
56	나는 죽음을 맞이하기 전에 어떤 삶을 살아야 할지 종종 생각한다.	① ② ③ ④ ⑤
57	나는 친구를 사귈 때 나에게 어떤 도움이 되는 친구인지 생각한다.	① ② ③ ④ ⑤
58	나는 어떤 일이든 맘만 먹으면 해 낼 수 있다고 생각한다.	① ② ③ ④ ⑤
59	나는 배운 내용을 비슷한 유형의 문제에 적용하는 것이 어렵지 않다.	① ② ③ ④ ⑤
60	나는 국가와 민족을 위해 희생하신 분들 덕분에 지금의 내가 있을 수 있다고 생각한다.	① ② ③ ④ ⑤

3

세븐파워진단

전혀 아니다	아니다	보통이다	그렇다	매우 그렇다
❶	❷	❸	❹	❺

61 나는 내가 하기 힘든 일을 다른 사람에게 미루지 않는다. ① ② ③ ④ ⑤

62 나는 좋은 음식 나쁜 음식 없이 어떤 음식이든 먹으면 다 비슷하다고 생각한다. ① ② ③ ④ ⑤

63 나는 죽음은 내가 어찌할 수 없는 하나님의 주관아래 있다는 것을 인정한다. ① ② ③ ④ ⑤

64 나는 모든 사람이 다 가치있는 존재는 아니라고 생각한다. ① ② ③ ④ ⑤

65 나는 잘알지 못하는 새로운 일에 도전하는 것을 좋아한다. ① ② ③ ④ ⑤

66 나는 복잡해 보이는 문제를 보면 일단 피하고 싶다. ① ② ③ ④ ⑤

67 나는 다른 사람을 위해 자신을 희생하는 사람을 보면 존경하는 마음이 든다. ① ② ③ ④ ⑤

68 나는 리더는 다른 사람을 돕는 사람이라고 생각한다. ① ② ③ ④ ⑤

69 나는 방학 때도 규칙적인 식사를 한다. ① ② ③ ④ ⑤

70 나는 죽음 이후의 삶은 어떤 모습일지 종종 생각해 본다. ① ② ③ ④ ⑤

71 나는 줄을 서서 기다릴 때 급한 사람이 있으면 자리를 양보한다. ① ② ③ ④ ⑤

72 나는 작은 일이라도 그것을 성취했을 때 만족감을 느낀다. ① ② ③ ④ ⑤

73 나는 어려운 문제일수록 승부욕이 생긴다. ① ② ③ ④ ⑤

74 나는 다른 사람을 위해 자신을 희생하는 것은 무모한 일이라고 생각한다. ① ② ③ ④ ⑤

75 나는 내가 속한 공동체에 좋은 영향을 끼치고 있다고 생각한다. ① ② ③ ④ ⑤

76 나는 입맛이 없거나 귀찮아도 하루 세끼를 꼭 먹는다. ① ② ③ ④ ⑤

77 나는 죽음 이후의 세상은 없고 죽으면 모든 것이 끝난다고 생각한다. ① ② ③ ④ ⑤

78 나는 힘들거나 어려운 사람을 보면 마음이 많이 아프다. ① ② ③ ④ ⑤

79 나는 어떤 일을 할 때 할 수 있는 최선을 다한다. ① ② ③ ④ ⑤

80 나는 어려운 상황에 처했을 때 해결 방법을 잘 찾는 편이다. ① ② ③ ④ ⑤

4

전혀 아니다	아니다	보통이다	그렇다	매우 그렇다
①	②	③	④	⑤

81 나는 나는 내 것을 주변 사람들에게 나누는 것이 아깝지 않다.   ① ② ③ ④ ⑤

82 나는 내가 다른 사람들에게 어떤 영향을 끼치는 지는 별로 신경쓰지 않는다.   ① ② ③ ④ ⑤

83 나는 일정관리를 통해 피곤이 쌓이지 않도록 관리한다.   ① ② ③ ④ ⑤

84 나는 살아가는데 있어서 하나님의 도움이 꼭 필요한 것은 아니라고 생각한다.   ① ② ③ ④ ⑤

85 나는 어떤 상황에서든지 상대방의 입장에서 생각해 본다.   ① ② ③ ④ ⑤

86 나는 어떤 일을 의욕 없이 그냥 할 때가 많다.   ① ② ③ ④ ⑤

87 나는 생각하고 있는 것을 말이나 글로 표현하는 것이 어렵지 않다.   ① ② ③ ④ ⑤

88 나는 나만 혼자 갖는 것보다 함께 나누는 것이 더 좋다.   ① ② ③ ④ ⑤

89 나는 많은 사람들 앞에 대표로 서는 것이 두렵지 않다.   ① ② ③ ④ ⑤

90 나는 피곤할 때 피곤을 푸는 방법이 있다.   ① ② ③ ④ ⑤

91 나는 인간은 죄인이고 예수그리스도를 통해서만 죄가 해결된다고 믿는다.   ① ② ③ ④ ⑤

92 나는 친구들과 좋은 관계를 위해 먼저 소통을 시도한다.   ① ② ③ ④ ⑤

93 나는 내 자신의 부족함을 발견 했을 때도 주눅들지 않는다.   ① ② ③ ④ ⑤

94 나는 머릿속에 생각은 있는데 표현이 어려워 답답할 때가 많다.   ① ② ③ ④ ⑤

95 나는 어려운 사람들을 보면 안타깝고 돕고 싶은 마음이 든다.   ① ② ③ ④ ⑤

96 나는 사람들 앞에 나서서 하는 일에 대한 부담이 없다.   ① ② ③ ④ ⑤

97 나는 나의 체력을 생각해서 운동이나 활동을 적절하게 조절 한다.   ① ② ③ ④ ⑤

98 나는 나의 삶과 세상을 주관하시는 하나님이 존재하신다는 것을 믿는다.   ① ② ③ ④ ⑤

99 나는 다른 사람이 말을 할 때 귀 기울여 듣는다.   ① ② ③ ④ ⑤

100 나는 나보다 더 잘하는 사람의 충고만 듣는다.   ① ② ③ ④ ⑤

5

세븐파워진단

전혀 아니다	아니다	보통이다	그렇다	매우 그렇다
①	②	③	④	⑤

101 나는 나는 정해진 주제에 대해 이야기 하는 것이 어렵지 않다. ① ② ③ ④ ⑤

102 나는 길을 가다 어려운 사람을 보면 그냥 지나치지 않는다. ① ② ③ ④ ⑤

103 나는 나와 생각이나 행동이 다른 사람들과도 잘 어울린다. ① ② ③ ④ ⑤

104 나는 스트레스를 받으면 쌓아 두지 않고 그때 그때 해결한다. ① ② ③ ④ ⑤

105 나는 하나님이 유일한 신이라는 것을 믿는다. ① ② ③ ④ ⑤

106 나는 어떤 문제에 대해 다양한 의견이 있을 수 있다고 생각한다. ① ② ③ ④ ⑤

107 나는 남보다 잘하는 것은 자랑해도 된다고 생각한다. ① ② ③ ④ ⑤

108 나는 나의 생각을 상대방에게 이해시키는 것을 잘 할 수 있다. ① ② ③ ④ ⑤

109 나는 다른 사람에게 어떤 도움을 줄 수 있을 지 늘 생각한다. ① ② ③ ④ ⑤

110 나는 다른 나라나 민족에 관심이 많다. ① ② ③ ④ ⑤

111 나는 스트레스를 해결하는 나만의 방법이 있다. ① ② ③ ④ ⑤

112 나는 인간과 세상이 진화된 것이 아니라 창조된 것이라고 믿는다. ① ② ③ ④ ⑤

113 나는 나와 의견이 다를 때 답답하고 화가 난다. ① ② ③ ④ ⑤

114 나는 지금의 내 삶이 다른 사람들의 도움으로 이루어졌다고 생각한다. ① ② ③ ④ ⑤

115 나는 내가잘 모르는 어려운 내용에 대한 대화도 거부감이 없다. ① ② ③ ④ ⑤

116 나는 주변 사람들을 돕기 위한 행동을 종종 하고 있다. ① ② ③ ④ ⑤

117 나는 종종 세계지도나 여러 매체를 통해 다른 나라에 대해 알아본다. ① ② ③ ④ ⑤

118 나는 지금 건강한 편이다. ① ② ③ ④ ⑤

119 나는 성경속 창조의 이야기가 비과학적이라 신뢰가 가지 않는다. ① ② ③ ④ ⑤

120 나는 친구가 되기 위해 먼저 다가간다. ① ② ③ ④ ⑤

6

세븐파워진단

121 나는 주변에 고마운 사람이 많다. ① ② ③ ④ ⑤

122 나는 주도적으로 학습 계획을 세우고 실천할 수 있다. ① ② ③ ④ ⑤

123 나는 부모님을 기쁘게 해 드리기 위해 노력한다. ① ② ③ ④ ⑤

124 나는 멀리 떨어진 나라의 어려움에 대해서도 마음이 많이 쓰인다. ① ② ③ ④ ⑤

125 나는 요즘 많이 피곤하고 의욕이 없는 상태이다. ① ② ③ ④ ⑤

126 나는 내 삶이 나만을 위해 존재하는 것이 아니라 다른 누군가를 위해 존재한다고 생각한다. ① ② ③ ④ ⑤

127 나는 친구라도 너무 가까운 것은 불편하다. ① ② ③ ④ ⑤

128 나는 실패가 두렵지 않다. 실패는 하나의 경험일 뿐이다. ① ② ③ ④ ⑤

129 나는 규칙적으로 책 읽는 시간이 따로 정해져 있다. ① ② ③ ④ ⑤

130 나는 부모님께 감사하는 마음이 있고 종종 그 마음을 표현한다. ① ② ③ ④ ⑤

131 나는 다른 나라보다 우리나라를 돕는 것이 현명하다고 생각한다. ① ② ③ ④ ⑤

132 나는 건강을 관리하는 것도 자기관리의 중요한 요소라고 생각한다. ① ② ③ ④ ⑤

133 나는 내 삶이 내 만족이 아닌 세상을 돕는 삶이 되어야 한다고 생각한다. ① ② ③ ④ ⑤

134 나는 어떤 고민도 나눌 수 있는 친구가 있다. ① ② ③ ④ ⑤

135 나는 실패의 기억을 빨리 잊고 다시 도전하는 편이다. ① ② ③ ④ ⑤

136 나는 책을 읽고 읽은 책에 대해서 정리한다. ① ② ③ ④ ⑤

137 나는 어른을 섬기라는 말은 어른의 관점에서 하는 말이라고 생각한다. ① ② ③ ④ ⑤

138 나는 세계 모든 나라와 민족이 하나님 안에서 서로 도와야 할 하나의 공동체라고 생각한다. ① ② ③ ④ ⑤

139 나는 아직 건강한 나이라고 생각한다. 건강관리는 어른이 되어서 하면 된다. ① ② ③ ④ ⑤

140 나는 내가 존재하는 이유가 하나님의 뜻을 이루기 위함이라는 것을 알고 있다. ① ② ③ ④ ⑤

7

세븐파워교육

개정판 1쇄 발행 | 2019년 7월 25일
3쇄 발행 | 2019년 10월 9일

지 은 이 | 최하진

펴 낸 이 | 최광식
펴 낸 곳 | 나무&가지
책임편집 | 지은정
북디자인 | 김한희
마 케 팅 | 임지수, 김영선
등록번호 | 제 2017-000048호
주   소 | 서울시 서초구 강남대로 455, A동 511호
편 집 부 | **전화** 02-532-9578
이 메 일 | sevenpoweredu@gmail.com

ISBN 979-11-960755-6-9 03370

이 도서의 국립중앙도서관 출판시도서목록(CIP)은 e-CIP페이지(http://www.nl.go.kr/ecip)와
국가자료공동목록시스템(http://www.nl.go.kr/kolisnet)에서 이용하실 수 있습니다.
(CIP제어번호 : CIP2019028136)